上高地・安曇野
黒部・松本

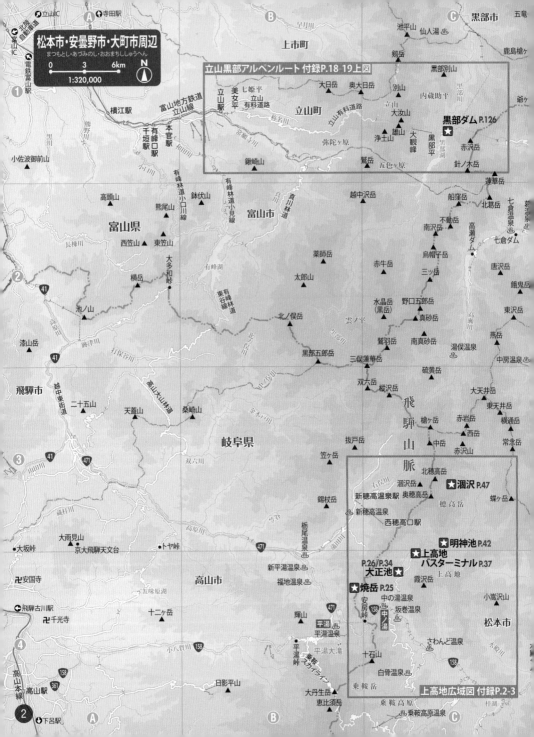

MAP

おとな旅
プレミアム
PREMIUM

付録 街歩き地図

上高地・安曇野
黒部・松本

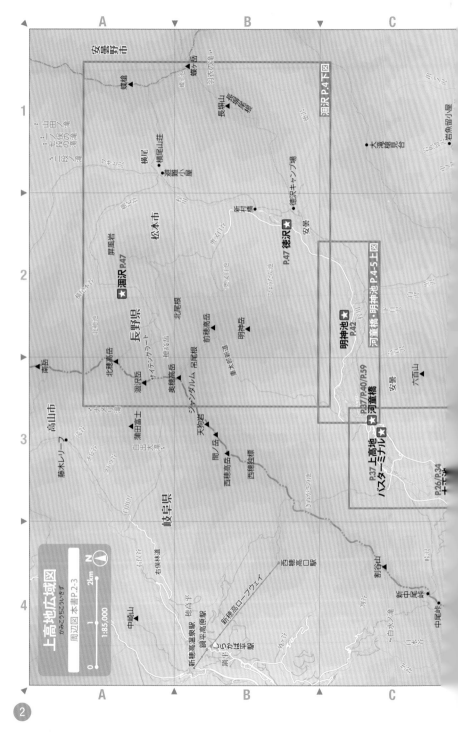

上高地広域図
かみこうちこういきず
周辺図は本書P.2-3

N
0　1　2km
1:85,000

安曇野市

山田ノ滝
七ツ釜ノ滝
二段ノ滝
三段ノ滝

大滝橋展望台

岩魚留小屋

蝶槍
蝶ヶ岳
羽衣の竜・

長塀山
長塀尾根

横尾
横尾山荘
槍見小屋

徳沢キャンプ場

新村橋

安曇
徳沢 P.47 ★

松本市
屏風岩

★涸沢 P.47

長野県

涸沢 P.4下図

明神池
明神橋 明神池 P.4-5上図

明神池
P.42 ★

安曇
六百山

河童橋 明神池 P.4-5上図

P.37/P.40/P.59
★ 河童橋

P.37 上高地
バスターミナル ★

南岳

北穂高岳
涸沢岳
奥穂高岳
ザイテングラート
サイデングラート
地蔵岳 吊尾根
ジャンダルム

前穂高岳
明神岳
北尾根
重太郎新道

岐阜県

白出沢大滝
蒲田富士

天狗岩

西穂高岳
間ノ岳
西穂高岳
西穂独標

右俣谷
右俣林道

藤木レリーフ
高山市

中崎山

新穂高温泉駅
鍋平高原駅
しらかば平駅
新穂高ロープウェイ

西穂高口駅

割谷山

新中尾峠
中尾峠

白水ノ滝

2

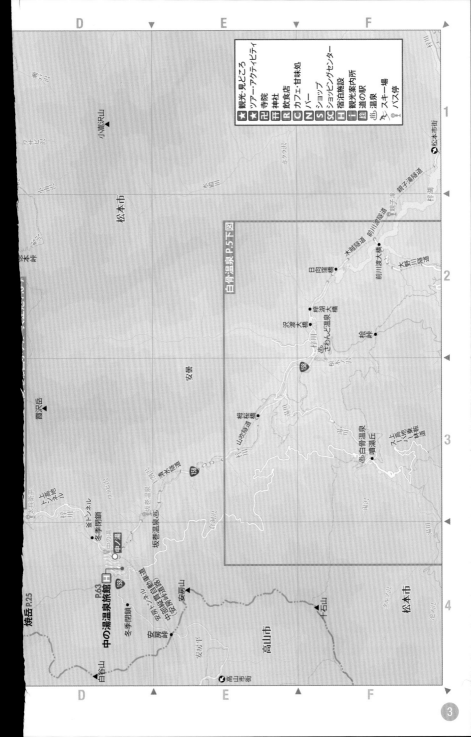

凡例

★ 観光・見どころ
★ ツアー・アクティビティ
卍 寺院
⛩ 神社
R 飲食店
C カフェ・甘味処
N バー
S ショップ
SC ショッピングセンター
H 宿泊施設
i 観光案内所
道 道の駅
♨ 温泉
⛷ スキー場
🚏 バス停

白骨温泉 P.5下図

松本市

小嵐沢山 ▲

霞沢岳 ▲

焼岳 P.25

中の湯温泉旅館 H P.63

白山 ▲

高山市

松本市街 ▶

梓川

親子滝隧道

大野川隧道
前川渡大橋

日向隧道

木根隧道 前川渡隧道

沢渡大橋

梓湖
沢渡大橋 さわんど温泉大橋

♨ さわんど温泉

桧峠

山吹隧道

桜橋

白骨温泉 ♨
噴湯丘

高天ヶ原

清水隧道

坂巻温泉 ♨

釜トンネル
冬季閉鎖

安曇

安房トンネル
（安房有料道路）
中部縦貫自動車道
（安房峠道路）
安房峠
冬季閉鎖

安房山 ▲

千石山 ▲

➡ 高山市街

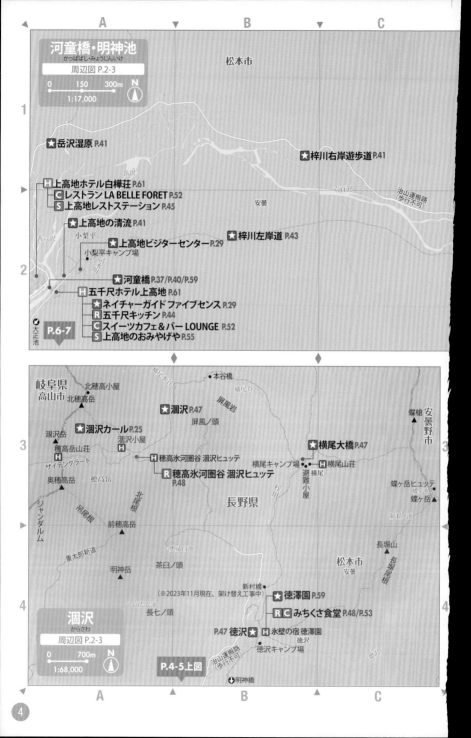

河童橋・明神池
かっぱばし・みょうじんいけ

周辺図 P.2-3

0 150 300m
1:17,000
N

松本市

★岳沢湿原 P.41

★梓川右岸遊歩道 P.41

治山運搬路
（歩行不可）

H上高地ホテル白樺荘 P.61
C レストラン LA BELLE FORET P.52
S 上高地レストステーション P.45

安曇

★上高地の清流 P.41

小梨平

★上高地ビジターセンター P.29
小梨平キャンプ場

★梓川左岸道 P.43

★河童橋 P.37/P.40/P.59

H五千尺ホテル上高地 P.61
★ネイチャーガイド ファイブセンス P.29
R五千尺キッチン P.44
C スイーツカフェ&バー LOUNGE P.52
S 上高地のおみやげや P.55

大正池 P.6-7

岐阜県
高山市

北穂高小屋
北穂高岳

●本谷橋

横尾谷

屏風岩

★涸沢 P.47

屏風ノ頭

蝶槍 安曇野市

★涸沢カール P.25
涸沢岳
穂高岳山荘
サイテングラート
涸沢小屋 H

★横尾大橋 P.47
横尾キャンプ場
横尾

横尾山荘 H

奥穂高岳

H穂高氷河圏谷 涸沢ヒュッテ
避難小屋

蝶ヶ岳ヒュッテ
蝶ヶ岳

北尾根
穂高岳

R穂高氷河圏谷 涸沢ヒュッテ
P.48

長野県

妖精ノ池

ジャンダルム

吊尾根
前穂高岳

重太郎新道

奥又白池

茶臼ノ頭

松本市
安曇

長塀山
長塀尾根
長塀橋

明神岳

（※2023年11月現在、架け替え工事中）
新村橋

★徳澤園 P.59

涸沢
からさわ

周辺図 P.2-3

0 700m
1:68,000
N

ひょうたん池
長七ノ頭

R C みちくさ食堂 P.48/P.53

P.47 徳沢 ★
治山運搬路
（歩行不可）

H氷壁の宿 徳澤園
徳沢
徳沢キャンプ場

P.4-5上図

●明神橋

A B C

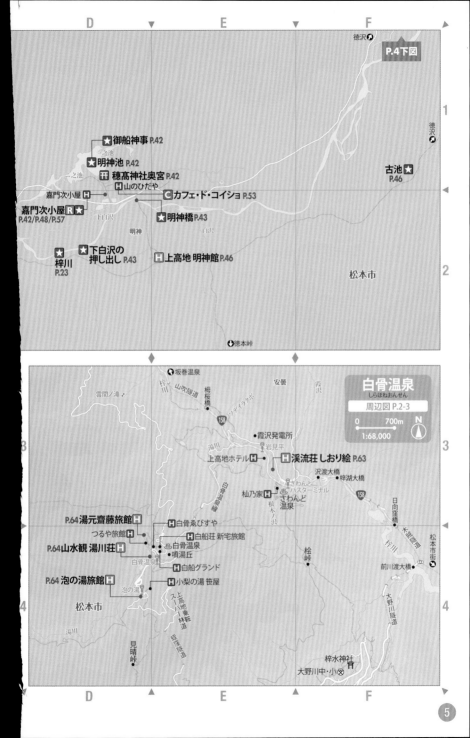

D · E · F

徳沢 🅿

P.4下図

1

徳沢 🅿

★ 御船神事 P.42
一之池

★ 明神池 P.42

⛩ 穂高神社奥宮 P.42
二之池

ℍ 嘉門次小屋 ℍ 山のひだや
ℂ カフェ・ド・コイショ P.53

嘉門次小屋 ℝ★
P.42/P.48/P.57
下白沢

★ 明神橋 P.43
明神 白沢

★ 梓川 P.23
★ 下白沢の押し出し P.43

ℍ 上高地 明神館 P.46

古池 ★ P.46

松本市

2

🏔 徳本峠

🏔 坂巻温泉

雲間ノ滝 ╱

梓川 山吹隧道

桐桜橋 シティラク荘

安曇

霞沢

158

● 霞沢発電所

🚩 岩見平

ℍ 上高地ホテル ℍ 渓流荘 しおり絵 P.63

沢渡大橋
梓湖大橋

白骨温泉
しらほねおんせん
周辺図 P.2-3
0 ——— 700m
1:68,000
N

3

白骨温泉林道

杣乃家 ℍ
さわんど
バスターミナル

♨ さわんど温泉

158

日向窪橋

木曽路湖

松本市街 🅿

P.64 湯元齋藤旅館 ℍ

つるや旅館 ℍ
ℍ 白骨ゑびすや

ℍ 白骨荘 新宅旅館

P.64 山水観 湯川荘 ℍ

♨ 白骨温泉
● 噴湯丘

桧峠

前川渡大橋

大野川隧道

ℍ 白船グランド

P.64 泡の湯旅館 ℍ

松本市

泡の湯

ℍ 小梨の湯 笹屋

上高地八丁乗鞍岳
経塚隧道

4

湯川

見晴峠

梓水神社 ⛩

大野川中・小 🏫

D · E · F

5

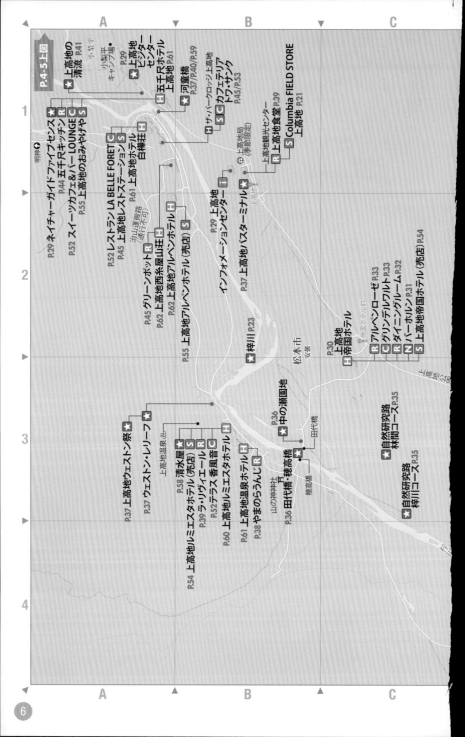

P.4-5上図

小梨平

★ 上高地の清流 P.41

● 小梨平キャンプ場

P.29
★ 上高地ビジターセンター

P.29
H 上高地ビジターセンター

H 五千尺ホテル 上高地 P.61

★ 河童橋 P.37/P.40/P.59

H ザ・パークロッジ上高地

SC カフェテリア ドゥ・サンク P.45/P.53

白樺平

上高地観光センター

R 上高地食堂 P.39

S Columbia FIELD STORE 上高地 P.21

明神 ◯

P.29 ネイチャーガイドファイブセンス ★
P.44 五千尺キッチン R
P.52 スイーツカフェ＆バー LOUNGE C
P.55 上高地のおみやげやさ S

P.52 レストラン LA BELLE FORET C
P.45 上高地レストステーション S
P.61 上高地ホテル H 白樺荘 H

治山運搬路（通行不可）

P.45 グリーンポット H
P.62 上高地西糸屋山荘 H
P.55 上高地アルペンホテル H
P.62 上高地アルペンホテル（売店）H

インフォメーションセンター ⓘ

P.29 上高地

P.37 上高地バスターミナル ★

上高地局
（季節限定）

上高地

★ 梓川 P.23

松本市
安曇

帝国ホテル前

P.30
上高地
H 帝国ホテル

R アルペンローゼ P.33
C グリンデルワルト P.33
R ダイニングルーム P.32
N バーホルン P.31
S 上高地帝国ホテル（売店）P.54

★ 上高地ウェストン祭 P.37
★ ウェストン・レリーフ P.37

上高地温泉 ♨

★ 清水屋 P.58
S 上高地ルミエスタホテル（売店）P.54
R ラ・リヴィエール P.39
C テラス 香風音 P.52
H 上高地温泉ホテル P.60
R やまのらうんじ P.38
H 上高地ルミエスタホテル P.61

P.36
★ 中の瀬園地

田代橋

P.36
H 田代橋・穂高橋
★

山の神神社
穂高橋

★ 自然研究路 林間コース P.35

★ 自然研究路 梓川コース P.35

上高地公園線

6

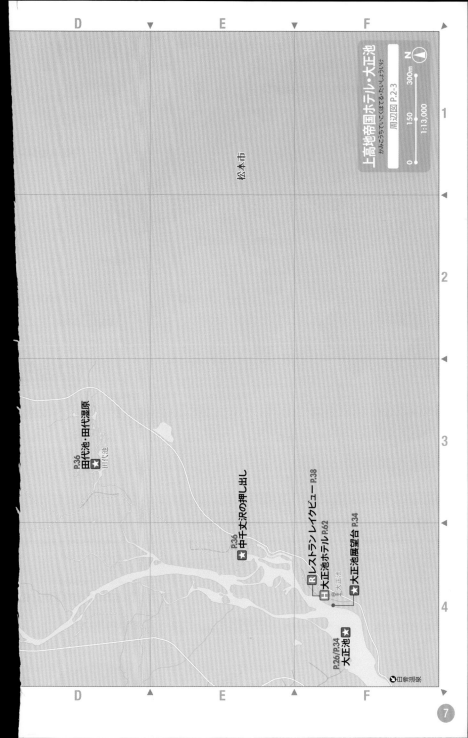

上高地帝国ホテル・大正池
かみこうちていこくほてる・たいしょういけ

周辺図 P.2-3

N

0 150 300m

1:13,000

松本市

P.36
田代池・田代湿原
★
田代池

★中千丈沢の押し出し P.36

R レストラン レイクビュー P.38
H 大正池ホテル P.62
大正池

★大正池展望台 P.34

P.26/P.34
大正池 ★

🚌 白骨温泉

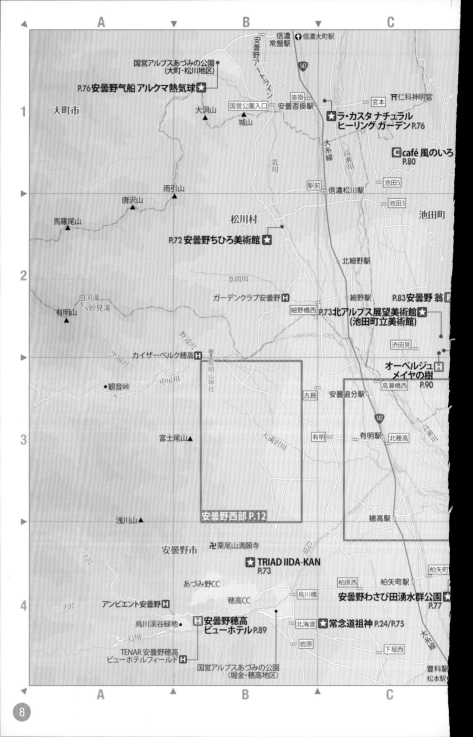

大町市

信濃
常盤駅　♀信濃大町駅

安曇野
アートライン

国営アルプスあづみの公園
（大町・松川地区）

P.76 安曇野气船 アルクマ熱気球 ☆

大洞山 ▲
城山
国営公園入口　安曇野沓掛駅

沓掛

大糸線

高瀬川

🛉仁科神明宮
宮本

☆ ラ・カスタ ナチュラル
ヒーリング ガーデン P.76

C café 風のいろ
P.80

雨引山

唐沢山 ▲

馬羅尾山 ▲

松川村

池田5

池田3

池田町

P.72 安曇野ちひろ美術館 ☆

芽間川

北細野駅

白河滝
妙見滝

有明山 ▲

ガーデンクラブ安曇野 Ⓗ

細野橋西

細野駅

P.83 安曇野 翁 Ⓟ

P.73 北アルプス展望美術館 ☆
（池田町立美術館）

渋田見

カイザーベルク穂高 Ⓗ

有明山神社

野沢温泉

黒沢川

中房川

観音峠

古厩

安曇野追分駅

高瀬橋西

オーベルジュ Ⓗ
メイヤの樹
P.90

富士尾山 ▲

大満沢川

有明

有明駅

北穂高

147

安曇野西部 P.12

浅川山 ▲

安曇野市

卍 栗尾山満願寺

穂高駅

☆ TRIAD IIDA-KAN
P.73

あづみ野CC

穂高CC

烏川橋

柏原西

柏矢町駅

柏原

☆ 安曇野わさび田湧水群公園
P.77

アンビエント安曇野 Ⓗ

烏川渓谷緑地

**安曇野穂高
ビューホテル P.89**

北海渡

常念道祖神 P.24/P.75

岩原

烏川

TENAR 安曇野穂高
ビューホテルフィールド Ⓗ

国営アルプスあづみの公園
（堀金・穂高地区）

下堀西

豊科IC
松本へ

↑信州新町

本町
篠ノ井駅↩

聖高原駅↩
更埴JCT↩

麻績

湯の沢温泉♨

大城▲

森林公園入口

差切峡温泉♨

麻績村

403

1

生坂村

筑北村

坂北駅

六工

岩殿山▲

長野自動車道

篠ノ井線

403

西条駅

2

青木峠

大洞山▲

第三白坂トンネル

立峰トンネル

虚空蔵山▲

143

3

松本街道

会田川

明科トンネル

長峰山▲

西街道

143

松本市

傘山▲

19

木戸

東栄町

明科駅

篠ノ井線

塔ノ原

曇橋南

P.68
★**大王わさび農場**

曇野中心部 **P.10-11**

★**安曇野の里の湧水 P.71**

プラザ安曇野

まちの駅 安曇野BASE

重柳

光橋東

光城山▲

篠ノ井線

田沢北

S 望月わさび店 P.83

安曇野

田沢駅

大口沢

松本IC↩

田沢

松本駅↩

長野自動車道

曇野アートライン

片川

4

安曇野広域図
あづみのこういきず

周辺図 本書P.2-3

0　　　1　　　2km
1:110,000

N

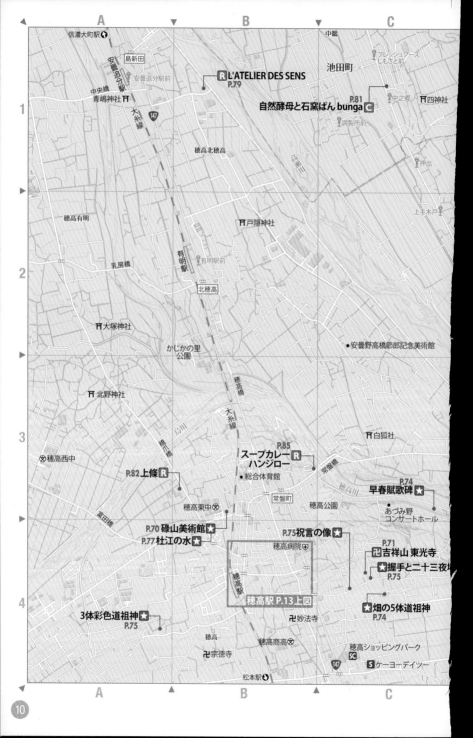

信濃大町駅 🚶
島新田
安曇追分駅
安曇追分駅前
中央橋
青嶋神社 ⛩
中鵜

フレッシュツアーズ
しもさと前
池田町

R L'ATELIER DES SENS
P.79

自然酵母と石窯ぱん bunga **C**
P.81
中之郷
四神社 ⛩

穂高北穂高

押出

上手木戸

穂高有明

戸隠神社 ⛩

乳房橋

有明駅
有明駅前

北穂高

大塚神社 ⛩

安曇野高橋節郎記念美術館

かじかの里
公園

北野神社 ⛩

穂高橋

白狐社 ⛩

大糸線

穂高西中 ⊗

スープカレー **R**
ハンジロー
P.85

早春賦歌碑 ★
P.74

P.82 上條 **R**

総合体育館

穂高川

穂高東中 ⊗

常盤町

あづみ野
コンサートホール

富田橋

穂高公園

P.70 碌山美術館 ★
P.77 杜江の水 ★

P.75 祝言の像 ★

吉祥山 東光寺 卍
P.71

穂高病院 ⊞

握手と二十三夜塔 ★
P.75

穂高駅

穂高駅 P.13上図

3体彩色道祖神 ★
P.75

畑の5体道祖神 ★
P.74

穂高

妙法寺 卍

宗徳寺 卍

穂高商高 ⊗

穂高ショッピングパーク
SC

S ケーヨーデイツー

松本駅 🚶

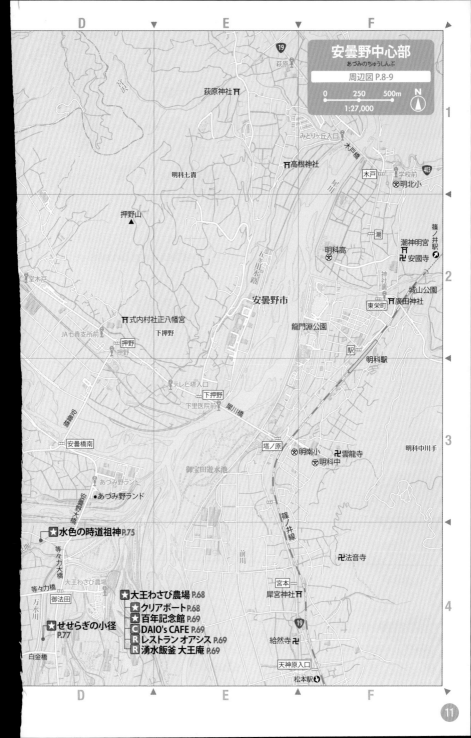

安曇野中心部
あづみのちゅうしんぶ

周辺図 P.8-9

0 250 500m
1:27,000
N

萩原

19

荻原神社卍

明科七貴

みどりヶ丘入口
木戸線
高根神社卍
木戸
学校前
明北小
403

押野山▲

潮
明科高
潮神明宮
安國寺
篠ノ井駅

堂木戸

式内村社正八幡宮
下押野

五カ所
水路

安曇野市
龍門淵公園
神社裏
城山公園
東栄町
廣田神社

JA七貴支所前
押野
押野

テレビ塔入口
下押野
下里医院前
屋川橋

駅
明科駅

安曇橋南

塔ノ原
明南小
明科中
雲龍寺
明科中川手

御宝田遊水池

あづみ野ランド
あづみ野ランド

水色の時道祖神 P.75

等々力大橋

安曇野大橋

大王わさび農場

前川

法音寺

篠ノ井線

等々力橋
御法田
万水川

大王わさび農場 P.68
★クリアボート P.68
★百年記念館 P.69
DAIO's CAFE P.69
レストラン オアシス P.69
湧水飯釜 大王庵 P.69

宮本
犀宮神社卍

せせらぎの小径
P.77

白金橋

19

給然寺卍

天神原入口
松本駅

D E F

11

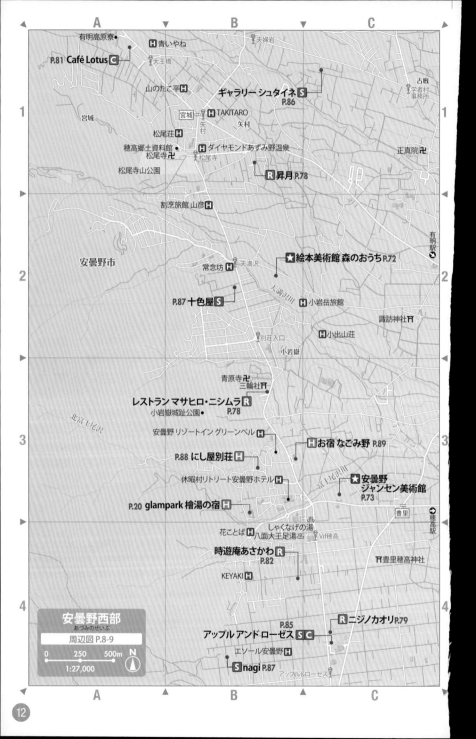

P.81 Café Lotus C

青いやね H

夫婦岩

大王橋

山のたこ平 H

ギャラリー シュタイネ S
P.86

古廐
学者村事務所

宮城
有明高原寮

TAKITARO

宮城

矢村
矢村

松尾荘 H

穂高郷土資料館
松尾寺 卍

ダイヤモンドあずみ野温泉 H

松尾寺

正真院 卍

松尾寺山公園

昇月 R P.78

割烹旅館 山彦 H

安曇野市

常念坊 H

天満沢

絵本美術館 森のおうち P.72 ★

有明駅

P.87 十色屋 S

天満沢川

小岩岳旅館 H

諏訪神社 Ħ

別荘入口

小出山荘 H

小岩嶽

青原寺 卍
三輪社 Ħ

レストラン マサヒロ・ニシムラ R
P.78

小岩嶽城趾公園

北富士尾沢

安曇野 リゾートイン グリーンベル H

お宿 なごみ野 P.89 H

P.88 にし屋別荘 H

休暇村リトリート安曇野ホテル H

富士尾沢川

安曇野
ジャンセン美術館 ★
P.73

P.20 glampark 檜湯の宿 H

豊里

穂高駅

花ことば H

しゃくなげの湯
八面大王足湯 ♨
Vif穂高

時遊庵あさかわ R
P.82

KEYAKI H

豊里穂高神社 Ħ

ニジノカオリ P.79 R

安曇野西部
あづみのせいぶ
周辺図 P.8-9

P.85
アップル アンド ローゼス S C

0 250 500m
1:27,000 N

エソール安曇野 H

S nagi P.87

アップル&ローゼス

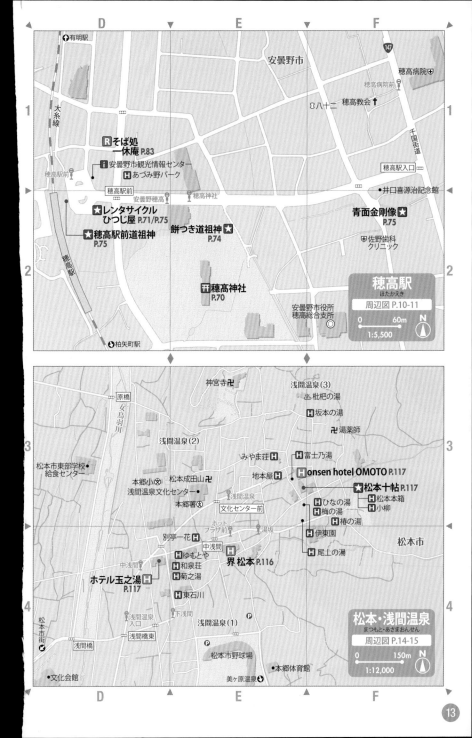

安曇野市

穂高病院 ✚

八十二

穂高病院前

穂高教会 ✝

147

大糸線

1

穂高駅入口

🅡 そば処
　一休庵 P.83

ⓘ安曇野市観光情報センター
🅗 あづみ野パーク

穂高駅前

安曇野穂高

穂高神社

井口喜源治記念館

⭐レンタサイクル
　ひつじ屋 P.71/P.75

青面金剛像 ⭐
P.75

⭐穂高駅前道祖神
P.75

餅つき道祖神 ⭐
P.74

✚ 佐野歯科
クリニック

2

穂高駅

穂高神社
P.70

安曇野市役所
穂高総合支所 ◎

穂高駅
ほたかえき
周辺図 P.10-11

0　　　　60m

1:5,500　　　Ⓝ

↓柏矢町駅

神宮寺卍

浅間温泉(3)

♨枇杷の湯

原橋

🅗坂本の湯

女鳥羽川

卍湯薬師

浅間温泉(2)

みやま荘🅗

🅗富士乃湯

3

松本市東部学校・
給食センター

本郷小⊗

松本成田山卍

地本屋

🅗onsen hotel OMOTO P.117

浅間温泉文化センター・

浅間温泉

⭐松本十帖 P.117

本郷署🄵

🅗松本本箱

🅗ひなの湯

本郷⊛

文化センター前

🅗梅の湯

🅗小柳

🅗椿の湯

ホット
プラザ前

湯坂

🅗伊東園

別亭一花

松本市

中浅間

🅗尾上の湯

🅗ゆもとや

中浅間

🅗和泉荘

🅗 界 松本 P.116

ホテル玉之湯 🅗
P.117

🅗菊之湯

🅗東石川

松本市街
Ⓐ

浅間温泉
入口

↓下浅間

浅間温泉(1)

Ⓟ

松本・浅間温泉
まつもと・あさまおんせん
周辺図 P.14-15

浅間橋

浅間橋東

Ⓟ

0　　　150m

1:12,000　　Ⓝ

●文化会館

松本市野球場

●本郷体育館

美ヶ原温泉♨

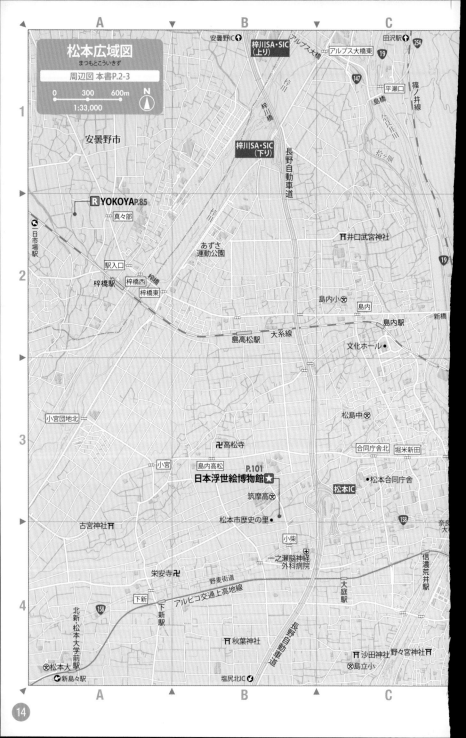

松本広域図
まつもとこういきず

周辺図 本書P.2-3

0　　300　　600m
1:33,000

安曇野IC
梓川SA・SIC（上り）
アルプス大橋
アルプス大橋東
田沢駅
254

安曇野市

梓川SA・SIC（下り）

平瀬口
島橋
篠ノ井線
147

長野自動車道

日市場駅

R YOKOYA P.85
真々部

井口武宮神社

あずさ運動公園

19

駅入口

梓橋駅
梓橋西
梓橋
梓橋東

島内小
島内
島内駅
新橋

大糸線
島高松駅

文化ホール

小宮団地北

松島中

高松寺

小宮

合同庁舎北
堀米新田

島内高松 P.101
日本浮世絵博物館 ★

松本IC

松本合同庁舎

筑摩高

古宮神社

松本市歴史の里

158

小柴

一之瀬脳神経外科病院

栄安寺

信濃荒井駅

野麦街道

下新

下新駅

大庭駅

アルピコ交通上高地線

北新松本大学前駅

158

秋葉神社

沙田神社
野々宮神社

塩尻北IC

島立小

松本大学

新島々駅

14

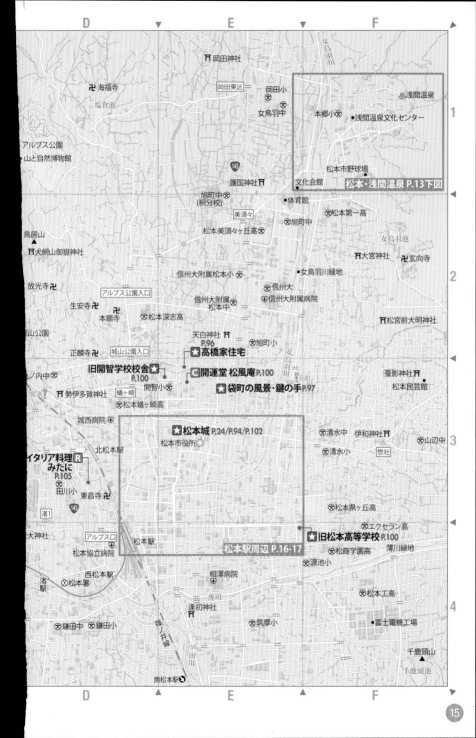

卍海福寺
塩倉池
岡田東区
卍岡田神社
岡田小
女鳥羽中
本郷小⊗
浅間温泉
浅間温泉文化センター

1

アルプス公園
●山と自然博物館
護国神社幵
旭町中
(桐分校)
美須々
松本美須々ヶ丘高⊗
松本市野球場
文化会館
●体育館
⊗松本第一高
松本・浅間温泉 P.13下図

鳥居山
幵犬飼山御嶽神社
放光寺卍
生安寺卍 卍
本願寺
アルプス公園入口
信州大附属松本小⊗
信州大附属
松本中⊗
⊗松本深志高
女鳥羽川緑地
⊗信州大
⊕信州大附属病院
幵大宮神社 卍玄向寺
女鳥羽池

2

幵松宮前大明神社

山公園
正麟寺卍
山公園入口
天白神社 幵
P.96
★高橋家住宅
旭町小
蚕影神社幵
松本民芸館

ノ内中⊗
幵勢伊多賀神社
蟻ヶ崎
⊗松本蟻ヶ崎高
旧開智学校校舎★
P.100
開智小⊗
開運堂 松風庵 P.100
★袋町の風景・鍵の手 P.97

城西病院
北松本駅
★松本城 P.24/P.94/P.102
松本市役所◎
⊗清水中 伊和神社幵
⊗清水小 惣社
⊗山辺中

3

イタリア料理 R
みたに
P.105
⊗
田川小 東昌寺卍
渚1
148
松本駅
松本駅周辺 P.16-17
★旧松本高等学校 P.100
⊗松本県ヶ丘高
エクセラン高
⊗松商学園高
薄川緑地

大神社
アルプス口
松本協立病院
渚駅
⊗松本署
西松本駅
相澤病院
薄川
逢初神社 幵
⊗筑摩小
源池小
⊗松本工高
●富士電機工場
千鹿頭山

4

⊗鎌田中 ⊗鎌田小
篠ノ井線
南松本駅◐
千鹿頭池

0   50   100m
1:7,000
N

D

卍恵光禅院
卍奥平医院
アザレアライン
桜橋東
清水1
清水中区
清水(1)
清水局
清水
大野病院⊞
143

深志橋
城東(1)
城東2
葭町
葭町
桜町
女鳥羽
東町通り

S 水城漬物工房 P.115
卍正行寺
★餌差町 十王堂 P.96
卍芳仙寺
卍放光庵
Ⅲ槻井泉神社

R ヒカリヤ ニシ・ヒガシ P.104
★女鳥羽の泉 P.97
女鳥羽川

S Chez Momo P.114
S 上原商店
卍妙勝寺
卍善昌寺

R 女鳥羽そば P.105
卍大松寺
中央(4)
やまびこ道路

ちきりや工芸店 P.99
★伊織霊水 P.97
SC イオンモール松本
薬祖神社
四ツ谷

C salon as salon P.109
卍龍興寺
卍伊織霊水
薬祖神社
福祉センター
中央・県
四ッ谷町
県1
四ッ谷

酒井歯科
●勤労会館
日ノ出町
県(1)
川上医院
卍龍興寺
●勤労者福祉センター
●柔剣道場・弓道場

大橋通り
143

秀峰学校前

★松本市美術館 P.101
●鋳物会館

大橋通り南
あがたの森通り
松本市美術館
埋橋局
●勤労者福祉
センター入口
秀峰学校前
あがたの森公園
あがたの森文化会館

市民芸術館
民芸術館西
美術館西
●NHK
秀峰学校前
⊗松本秀峰
中等教育
旧松本高等学校 ★ P.100

まつもと
市民芸術館
埋橋(1)
松商学園口⊞
天寿堂接骨院⊞

Ⅲ深志神社 P.97
埋橋(2)

金山神社

蚕糸記念公園

D   E   F

17

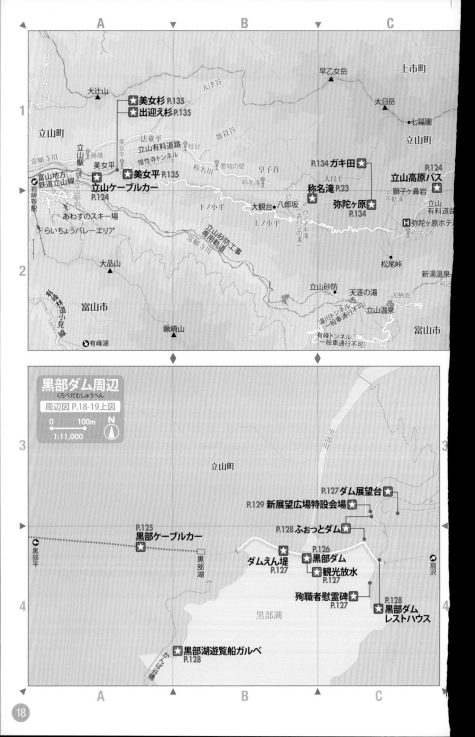

上段の地図

大辻山 ▲

立山町

★美女杉 P.135
★出迎え杉 P.135

立山町

早乙女岳 ▲

上市町

大日岳 ▲

• 七福園

立山町

富山地方
鉄道立山線
➔岩峅寺駅

立山駅

美女平

★美女平 P.135
★立山ケーブルカー
P.124

あわすのスキー場

➔らいちょうバレーエリア

大品山 ▲

富山市

飛騨林道小見線

➔有峰湖

人津谷

法童平
立山有料道路

惶性寺トンネル

桂台

雑穀谷

悪城の壁

皇子首

ドノ小平

大観台・八郎坂

上ノ小平

鍬崎山 ▲

常願寺川

立山砂防工事
専用軌道

立山砂防

湯川トンネル
(一般車通行不可)

有峰トンネル
(一般車通行不可)

P.134 ガキ田 ★
称名滝 P.23

弥陀ヶ原 ★
P.134

立山高原バス P.124 ★

獅子ヶ鼻岩
不動滝

立山
有料道路

弥陀ヶ原ホテル H

弥陀ヶ原

松尾峠

新湯温泉

天涯の湯

立山温泉

泥鰌池

富山市

下段の地図

黒部ダム周辺
（くろべだむしゅうへん）

周辺図 P.18-19上図

0   100m
1:11,000

N

立山町

黒部川

黒部平

黒部ケーブルカー P.125 ★

黒部湖

ダムえん堤 ★
P.127

黒部湖

P.127 ダム展望台 ★

P.129 新展望広場特設会場 ★

P.128 ふぉっとダム ★

P.126
★黒部ダム
★観光放水
P.127

殉職者慰霊碑 ★
P.127

P.128
★黒部ダム
レストハウス

扇沢

★黒部湖遊覧船ガルベ
P.128

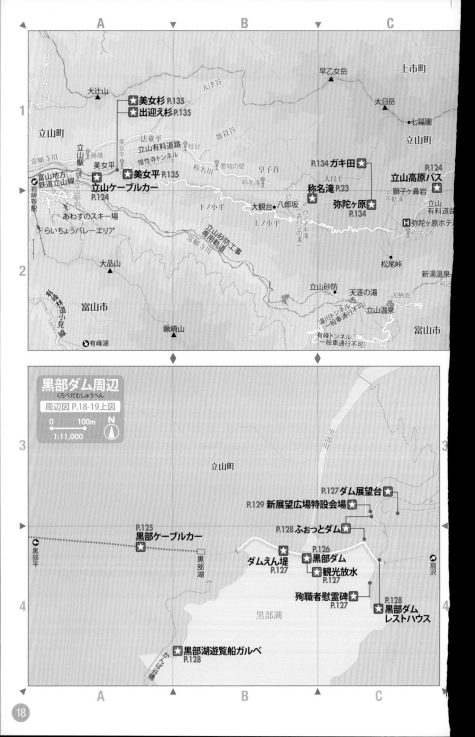

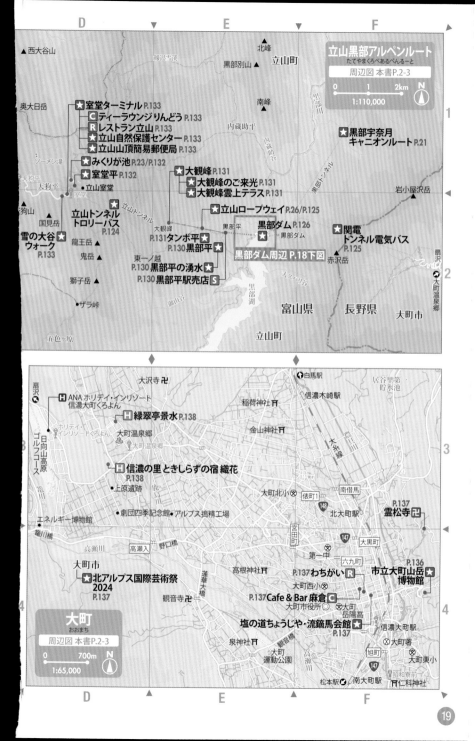

立山黒部アルペンルート
たてやまくろべあるぺんるーと
周辺図 本書P.2-3

0　　　1　　　2km
1:110,000

▲西大谷山

北峰
黒部別山 ▲
立山町

黒部川

奥大日岳

★室堂ターミナル P.133
　C ティーラウンジ りんどう P.133
　R レストラン立山 P.133
　★立山自然保護センター P.133
　★立山山頂簡易郵便局 P.133

南峰

ソーメン滝

★黒部宇奈月
　キャニオンルート P.21

天狗平

内蔵助平

★みくりが池 P.23/P.132
★室堂平 P.132
★立山室堂

岩小屋沢岳 ▲

天狗山

★大観峰 P.131
　★大観峰のご来光 P.131
　★大観峰雲上テラス P.131

国見岳 ▲

立山トンネル
トロリーバス P.124

立山トンネル

★立山ロープウェイ P.26/P.125

雪の大谷
ウォーク P.133

龍王岳 ▲

大観峰

黒部平

黒部ダム P.126
黒部ダム

★関電
　トンネル電気バス P.125

鬼岳 ▲

P.131 タンボ平 ★
P.130 黒部平 ★

黒部ダム周辺 P.18下図

赤沢岳 ▲

獅子岳 ▲

東一ノ越

P.130 黒部平の湧水 ★
P.130 黒部平駅売店 S

扇沢
大町温泉郷

ザラ峠

黒部湖

富山県

長野県

大町市

五色ヶ原

立山町

大町
おおまち
周辺図 本書P.2-3

0　　　700m
1:65,000

大沢寺 卍

白馬駅

居谷里第一
貯水池

扇沢

H ANA ホリデイ・イン リゾート
　信濃大町くろよん

信濃木崎駅

稲荷神社 ⛩

ホリデイ・
イン・リゾートくろよん

H 緑翠亭景水 P.138

金山神社 ⛩

日向山高原
ゴルフコース

大町温泉郷

大糸線

H 信濃の里 ときしらずの宿 織花
　P.138

上原遺跡

エネルギー博物館

劇団四季記念館 ● アルプス掻精工場

大町北小 ⊗
俵町1

南借馬

北大町駅

P.137
霊松寺 卍

篭川橋

高瀬川

高瀬入

野口橋

宮田町

第一中

大黒町

高根神社 ⛩

P.137 わちがい R

P.136
市立大町山岳
博物館 ★

大町市
★北アルプス国際芸術祭
　2024
　P.137

蓮華
大橋

大町西小 ⊗

大町
岳陽高

観音寺 卍

観音橋

P.137 Cafe & Bar 麻倉 C

大町市役所 ◎

信濃大町駅

塩の道ちょうじや・流鏑馬会館 ★
　P.137

泉神社 ⛩

大町
運動公園

⊗大町署

旭町

大町東小

高瀬川

松本駅

南大町駅

仁科神社 ⛩

昭和寮前

とりはずして使える

MAP

おとな旅プレミアム
PREMIUM

付録 街歩き地図

上高地・安曇野
黒部・松本

TAC出版
TAC PUBLISHING Group

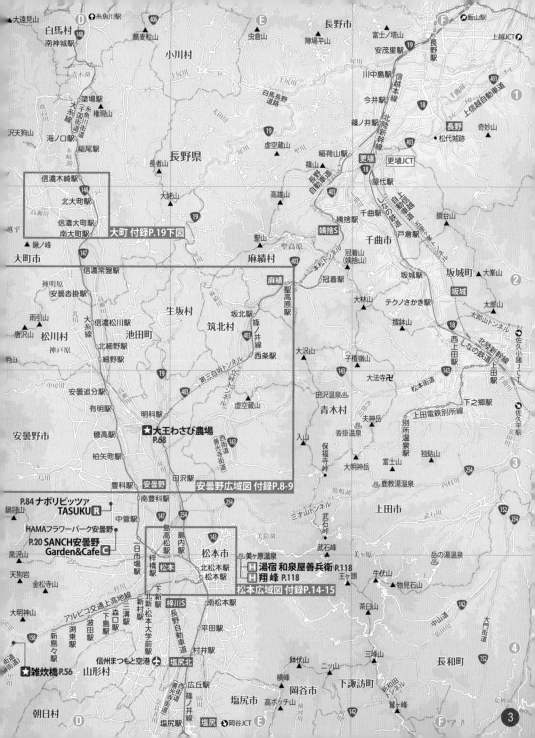

大遠見山
白馬村
南神城駅
小川村
蕎麦粒山
虫倉山
長野市
陣場平山
富士ノ塔山
安茂里駅
上越JCT
飯山駅
E
F
1
糸魚川駅
406
143
白馬長野道路
川中島駅
今井駅
18
長野
奇妙山
松代城跡
栄場駅
権現山
糸魚川国道街道
19
虚空蔵山
篠ノ井駅
403
403
更埴JCT
更埴
海ノ口駅
稲尾駅
長野県
長者山
長野自動車道
篠山
稲荷山駅
屋代駅
千曲市
坂城町
峰山
D
信濃木崎駅
148
北大町駅
大姥山
高雄山
姨捨駅
冠着駅
鏡台山
2
信濃大町駅
南大町駅
大町 付録P.19下図
147
聖山
聖高原
麻績村
403
麻績
姨捨S
聖高原駅
冠着駅
大林山
テクノさかき駅
西上田駅
太郎山
北陸新幹線
しなの鉄道
坂城
鍬ノ峰
大町市
信濃常盤駅
生坂村
坂北駅
篠ノ井線
西条駅
冠着山
子檀嶺山
播鉢山
18
神明原
安曇沓掛駅
池田町
筑北村
第三白坂トンネル
403
大沢山
143
大法寺卍
松本街道
143
下之郷駅
上田駅
佐久平駅
3
雨引山
松川村
信濃松川駅
北細野駅
細野駅
大糸線
虚空蔵山
西街道善光寺街道
田沢温泉
青木村
天神岳
沓掛温泉
別所温泉駅
上田電鉄別所線
独鈷山
唐沢山
神戸原
明科駅
★大王わさび農場 P.68
入山
富士山
大明神岳
鹿教湯温泉
254
安曇野市
有明駅
安曇追分駅
穂高駅
豊科駅
安曇野
田沢駅
143
安曇野広域図 付録P.8-9
保福寺峠
上田市
武石峰
武石峠
152
鍋冠山
P.84 ナポリピッツァ TASUKU R
南豊科駅
147
254
中萱駅
三ヶ山トンネル
美ヶ原
岳の湯温泉
254
HAMAフラワーパーク安曇野
P.20 SANCH安曇野 Garden&Cafe C
一日市場駅
島高松駅
島内駅
松本市
143
美ヶ原温泉
牛伏山
黒沢山
梓橋駅
北松本駅
松本駅
H 湯宿 和泉屋善兵衛 P.118
王ヶ頭
物見石山
天狗岩
金松寺山
松本
H 翔峰 P.118
茶臼山
158
下新駅
新村駅
松本広域図 付録P.14-15
鉢伏山
142
大明神山
アルピコ交通上高地線
森口駅
三溝駅
北新松本駅
長野大学前駅
梓川S
南松本駅
平田駅
村井駅
中山道
渕東駅
新島々駅
波田駅
島高駅
長野自動車道
雑炊橋 P.56
山形村
信州まつもと空港
塩尻北
塩尻市
広丘駅
西街道善光寺街道
篠ノ井線
鉢伏山
二ッ山
横峰
下諏訪町
三峰山
和田峠
長和町
152
4
朝日村
D
塩尻駅
塩尻
岡谷JCT
E
岡谷市
高ボッチ山
塩尻市
142
鷲ヶ峰
F
3

あなただけの
プレミアムな
おとな旅へ！
ようこそ！

清らかな水と空気が包みこむ
上高地の聖なる自然を体感

KAMIKOCHI AZUMINO
KUROBE MATSUMOTO

上高地・安曇野・黒部・松本への旅

高原を渡る風の囁きを聴く
溢れる緑の光に体が透けた

上高地の清流が、日々の疲れを溶かし去る。涸沢までとなると登山用の装備が必要だが、河童橋から大正池まで、あるいは逆の明神橋方向への散策道なら、軽装でいい。上高地ばかりではない。安曇野にしても黒部にしても、北信州の一帯は気楽に出かけられ、これほどの風光明媚が日本にもあったのかと感動する。新緑や紅葉の季節はとりわけ美しい。高原リゾートがあり深い渓谷があり、のどかな里山がある。いずれも、あまりに日本的な風景である。

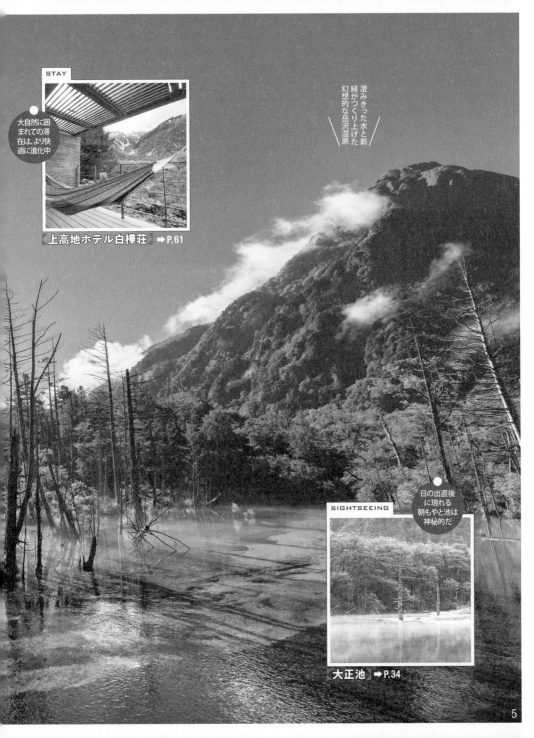

大自然に囲まれての滞在は、より快適に進化中

上高地ホテル白樺荘 ➡ P.61

澄みきった水と新緑がつくり上げた幻想的な岳沢湿原

日の出直後に現れる朝もやと池は神秘的だ

大正池 ➡ P.34

GOURMET

水がおいしい安曇野は日本有数のそば処

時遊庵あさかわ ➡ P.82

冷たい湧水が流れ、夢のような情景が広がる大王わさび農場

日本の原風景が残る安曇野と黒部の巨大なエネルギーに心奪われる

迫力の観光放水に息をのむ黒部ダム

STAY

北アルプスのいで湯を使った穂高温泉でくつろぐ

にし屋別荘 ➡ P.88

城下町の面影が残る松本は
信州が誇るクラフトの街

松本城周辺で300本を
超える桜が競演する、夜間
のライトアップも魅力

SHOPPING

松本では
個性豊かな
工芸品の
お店に注目

ギャルリ灰月 ➡ P.111

CULTURE

古くから文化
人の別荘が点
在するアートの
街、安曇野

安曇野ちひろ美術館 ➡ P.72

立山黒部アルペンルー
トは絶景続きの雲上
山岳観光ルート

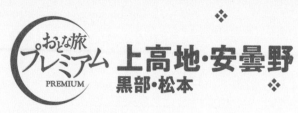

CONTENTS

上高地・安曇野 黒部・松本

上高地

安曇野

松本

立山黒部

エリアと観光のポイント

上高地・安曇野・黒部・松本はこんなところです

上高地・安曇野・松本は信州・長野県の中信エリアに、黒部は富山県東部に位置する。まずは個性豊かな4エリアのそれぞれの特色を知っておきたい。

山岳リゾートで景勝を楽しむ

上高地 ➡P.28 　　　長野県
かみこうち

芥川龍之介の小説の舞台にもなった河童橋や焼岳を望む美しい大正池など、見どころが多い山岳リゾート地。

⬆上高地を代表する景勝地、大正池

**観光の
ポイント** 大正池 P.34／河童橋 P.37
明神池 P.42

澄んだ空気と清流が心地よい

安曇野 ➡P.66 　　　長野県
あづみの

清流巡りや道祖神巡りなどの散策が楽しめる。美術館も点在しており、ティータイムを挟んでのんびりするのもよい。

⬆大王わさび農場の水車小屋は映画のロケ地にも

**観光の
ポイント** 大王わさび農場 P.68
安曇野ちひろ美術館 P.72

天守が健在する城下町

松本 ➡P.92 　　　長野県
まつもと

現存する貴重な天守を持つ松本城が見事。城下町に残された歴史的街並みや、近代以降育まれた芸術や民芸も興味深い。

⬆国宝・松本城は街のシンボル

**観光の
ポイント** 松本城 P.94／深志神社 P.97
中町通り・縄手通り P.98

圧巻の自然が待ち受ける絶景

立山黒部 ➡P.120 　　富山県
たてやまくろべ

日本の戦後復興を象徴する大事業となった黒部ダムは、雄大な大自然が楽しめる立山黒部アルペンルート上にある。

⬆黒部ダムの観光放水が最大の見どころ

**観光の
ポイント** 黒部ダム P.126
みくりが池 P.132

富山地方鉄道 立山線
立山駅
美女平
立山
有料道路
電鉄富山駅
富山市
有峰林道小見線
有峰林道小口線
有峰湖
東谷線
高山市

⬆水面に映る森林の緑も美しい上高地・明神池

⬆澄んだ水の流れる安曇野のわさび農場

⬆城下町の風情を醸す松本の中町通り

旅のきほん **2**

一年の移ろいから、旬の魅力を発見
トラベルカレンダー

同じ長野県内でも平野部と山間部では気候が少し異なる。観光シーズンは昼も夜も涼しく過ごしやすいが、気温の変化に対応できるように準備しておきたい。

1月	**2月**	**3月**	**4月**	**5月**	**6月**
平均気温は氷点下に。積雪地帯なので、寒さ対策をして出かけたい。	澄んだ空気のおかげで山々の稜線がくっきり。厳しい寒さが続く。	雪が少しずつ解け始める。わさびが芽吹き始め、春の気配が。	桜やリンゴの花が県内各所で開花する。北部にはまだ雪が残る。	短い春に新緑が一斉に芽吹く。安曇野はわさびの花が見頃だ。	肌寒く感じるときもあるので、長袖シャツがあるとよい。

- 上高地・月平均気温（℃）
- 安曇野・月平均気温（℃）
- 松本・月平均気温（℃）
- 黒部・月平均気温（℃）
- 月平均降水量（mm）

深い雪に覆われ交通手段も少なくなるため、主な客種は登山愛好家など

シーズン到来とはいえ、上高地は寒い日が続く

気温（℃）

	1月	2月	3月	4月	5月	6月
	-0.3	0.6	4.6		16.5	20.2
	-0.8	0.1	4.1	10.8	16.2	20.0
	-2.8	-2.3	1.6	10.4	14.0	17.9
	-3.5	-2.9	1.0	8.0	12.5	16.3
				7.0		

降水量（mm）

上高地	安曇野	松本	黒部		上高地	安曇野	松本	黒部		上高地	安曇野	松本	黒部		上高地	安曇野	松本	黒部		上高地	安曇野	松本	黒部		上高地	安曇野	松本	黒部
155.9	45.4	39.8	84.7		149.9	45.5	38.5	78.1		189.0	83.8	78.0	100.1		193.1	83.5	81.1	98.1		243.6	95.6	94.5	111.5		286.5	123.7	114.9	159

上旬
松本あめ市
上杉謙信が敵の武田信玄に塩を送った故事に基づく松本の伝統行事。福あめの露店や時代行列など多彩な催しを開催する。

松本城公園の梅の花。2月下旬〜3月中旬に咲く

17日
穂高神社 奉射祭
安曇野に春の到来を告げる神事として、農業・商業・産業の発展を願い約500年前から行われている。12本の矢を的に当て、的中率によってその年の天候・作柄を占う。

27日
上高地開山祭
約5カ月間、閉ざされていた上高地の山開きを盛大に祝う。祝いの踊りや神事があり、参加者には樽酒が振る舞われる。

工芸の五月
松本の工芸月間を中心に美術館、ショップ、クラフトフェアなどで、工芸イベントや企画展を複数開催する。

上旬
上高地ウェストン祭
→P.37
日本近代登山の父といわれる宣教師ウォルター・ウェストンの功績を偲び開催される。式典・山岳関係の曲の合唱・山の著名人の講演などが行われる。

上旬
信州安曇野ハーフマラソン
平成27年(2015)より始まった。北アルプスの景色と澄んだ空気が楽しめる。

リンゴ 9〜1月

リンゴ

桜 4月〜5月上旬

桜

シャクナゲ 4月下旬〜6月下旬

シャクナゲ

ニリンソウ 5月〜6月上旬

ニリンソウ

※気温、降水量は気象庁のデータ。上高地の気温は近隣観測地点の長野県奈川、黒部は近隣観測地点の長野県大町のデータを掲載

↑信州安曇野ハーフマラソン

↑松本ぼんぼん

↑安曇野花火

↑信州・松本そば祭り

7月
冷地気候で過ごしやすいとはいえ、日焼け対策などは必須。

8月
上高地に最も多くの観光客が訪れる時期。雨も少なく、気候も◎。

9月
花々も美しく、秋の訪れを感じる。気温の変化には重ね着で対応。

10月
紅葉が見頃を迎える。気温も下がるので体調管理に気をつけよう。

11月
いよいよ冬到来。上高地も閉山式が行われ、春までしばしのお別れ。

12月
年末年始の冬支度が各地で行われ、観光地に静けさが訪れる。

上高地閉山式が河童橋で催される ▽

上高地へのバス・タクシーは冬季通行止め ▽

	7月	8月	9月	10月	11月	12月
上高地(気温)		25.1	20.4	13.9	7.8	2.5
安曇野	24.2	24.7	20.2	13.6	7.2	1.9
松本	23.8	22.4	18.1	11.8	5.8	0.2
黒部	21.6 20.1	20.7	16.5	10.2	4.6	-0.6

降水量
	上高地	安曇野	松本	黒部
7月		145.5	131.3	195.3
8月	250.7	106.7	101.6	136.1
9月	264.0	155.8	148.0	165.0
10月	211.4	126.6	128.3	129.1
11月	182.9	58.4	56.3	69.8
12月	170.8	38.2	32.7	78.8

7月
旬の土・日曜
宝松本城 鼓まつり
松本城本丸庭園の特別ステージで、天守を背に和太鼓の演奏を楽しめる。

↑バラ

8月
第1土曜
松本ぼんぼん
松本の夏の一大祭り。「ぼんぼん」のかけ声とサンバ調の軽快な音楽のなか、賑やかにさまざまな踊り連が街を練り歩く。

14日
安曇野花火
犀川・穂高川・高瀬川が合流する地点で色とりどりの花火が打ち上げられる。長野県内でも規模の大きい花火大会で、全国各地から約2万人の人が訪れる。

写真提供:松本城管理課

9月
27日
穂髙神社 御船祭
船形の山車に穂高人形を飾った大小5艘のお船がお囃子にのり、神社へと曳き入れられる。船形の山車がぶつかり合う勇ましさが見どころ。

10月
8日
穂髙神社奥宮 御船神事
上高地・穂髙神社奥宮の例大祭。一年の山への感謝と安全無事の祈願をこめて明神池で執り行われる。

上旬〜中旬
信州・松本そば祭り
長野県のそば処と全国のそば愛好家が結集し、信州そばとその文化を県内外に紹介する。

11月
11月上旬〜1月上旬
国営アルプスあづみの公園
ウィンターイルミネーション 光の森のページェント
約45万球のLEDの光に彩られる、長野県を代表するイルミネーションイベント。コンサートや花火などの華やかな催しが多数開催される。

12月
1日
国宝松本城 冬囲い
冬の風物詩として親しまれる松本城の冬支度。本丸庭園の小笠原ボタンなど約50株に「わらぼっち」を、松やキリシマツツジに「雪吊り」をかけ冬の雪に備える。

リンゴ 9〜1月

桃 7〜9月

↑桃

栗 9〜10月

↑栗

紅葉 10月

↑紅葉

夏そば 8月〜9月上旬

↑夏そば

バラ 6月中旬〜9月下旬

秋そば(新そば) 10月上旬〜11月下旬

↑秋そば(新そば)

※日程は変動することがありますので、事前にHPなどでご確認ください。　15

上高地・安曇野・立山黒部 おとなの1日プラン

新鮮な空気に心が洗われ、目にも美しい風景は、芸術家の足跡をたどる旅にもなる。アルプスの山を縫い、たどり着いた地には手つかずの大自然が広がる壮大な絶景が待っている。

⬆上高地・穂髙神社奥宮にある明神池。湖水は驚くほど透き通っている

幻想的な水景色が広がる上高地を散策

神の舞い降りる地として歴史を紡ぐ神秘の地で、神の幻影を追う。

| 9:45 | 上高地バスターミナル |

徒歩約5分
木立を抜けて梓川沿いを歩くとすぐ

| 9:50 | 河童橋／嘉門次小屋 |

徒歩約50分
河童橋から嘉門次小屋までは約3.5km、嘉門次小屋から穂髙神社奥宮まですぐ

| 12:30 | 穂髙神社奥宮／明神池 |

徒歩約2時間
梓川左岸道経由、大正池方面へ、約8.5km

| 15:20 | 大正池 |

徒歩約50分
上高地自然研究路経由、約2.7km

| 17:00 | 上高地帝国ホテル |

上高地のシンボル 河童橋 と山奥の歴史の名所を訪れる

河童橋 ➡P.37/P.40
かっぱばし

36mの木製の吊り橋は梓川と穂高連峰、焼岳などが見渡せるビューポイント。芥川龍之介の小説にも描写されている。ハイシーズンには多くの観光客で賑わう。

嘉門次小屋
かもんじごや

➡P.42/P.48

山案内人として知られた上条嘉門次が建てた猟小屋が始まりの山小屋。宿泊のほか食堂だけの利用も可能。

英国人宣教師、ウォルター・ウェストンのレリーフ。梓川沿いの広場にある

山岳信仰が語り継がれてきた 神域 に足を踏み入れる

穂高神社奥宮
ほたかじんじゃおくみや
➡P.42

穂高見命（ほたかみのみこと）を祀る明神池の入口に鎮まる社。代表的な例大祭・御船神事は毎年10月8日に行われる。

©松本市アルプス山岳郷

明神池 ➡P.42
みょうじんいけ

穂高神社奥宮内にあるひょうたん形の池で、神域とされている。穂高連峰の伏流水や湧水で、冬でも凍らない。鏡池とも称され、神秘的な静けさを漂わせている。

幻想的な鏡の池 が織りなす景色に感動

大正池 ➡P.34
たいしょういけ

河童橋・明神池と並び、上高地を代表するスポット。穂高連峰がくっきりと水面に映る。焼岳の噴火によって一夜にして現れた池は、早朝のもやや夜の闇の静寂に包まれた美景も必見。

プランニングのアドバイス

初心者でも気軽にハイキングを満喫できる散策路が整備されており、上高地バスターミナル界隈やホテル周りでも食事や買い物が楽しめるようになっている。バスターミナルや、そこから徒歩約5分ほどの距離に位置する河童橋を起点に大正池方面、明神方面への散策を計画するのが便利。歩きでの移動が基本なので、動きやすい服装で出かけよう。食事は、散策路の途中にある施設などでとることができる。上高地ならではの料理を味わったり、景色の良いところでお弁当を広げるのもおすすめ。環境に配慮してゴミは各自で持ち帰ること。

山岳リゾートの歴史を切り開いた 格式あるホテル に滞在

上高地帝国ホテル
かみこうちていこくホテル
➡P.30

名門・帝国ホテルの味、サービスを堪能。薪の火が揺らぐマントルピースに心を休め、バーカウンターでは更けてゆく夜に上高地の旅を振り返りたい。

心安らぐアートと自然との邂逅にときめく

アートが根付く安曇野で、広大な自然風景とともに芸術を堪能する。

スケジュール

9:00 穂高駅

約40分
JR大糸線で15分、信濃松川駅下車。レンタサイクルを利用して、約3km・12分

9:40 安曇野ちひろ美術館

約50分
JR信濃松川駅まで戻り、大糸線で15分、穂高駅下車。レンタサイクルを利用して、約4km・15分

12:30 安曇野ジャンセン美術館

約15分
レンタサイクルで碌山美術館まで約4km、碌山美術館から大王わさび農場までは、約3km・10分

15:00 碌山美術館／大王わさび農場

約10分
大王わさび農場からレンタサイクルで約3km

16:00 穂高駅

プランニングのアドバイス

安曇野の散策なら、爽やかな風を感じながら街歩きを楽しめるレンタサイクルがおすすめ。エリア全域にまんべんなく見どころが散らばるので、目的に応じてレンタカーや、タクシー、周遊バスを利用しよう。食事は、水のきれいな安曇野だからこそ、そばはぜひとも味わいたい。森の中にたたずむ静かなカフェや眺めの良いテラスのあるパーラーなど、ゆっくりできる店を選ぶとよいだろう。

アート鑑賞後はカフェでひと息

点在するアートスポット
安曇野アートライン を巡る

安曇野ちひろ美術館
あずみのちひろびじゅつかん
➡P.72

続編も登場した『窓ぎわのトットちゃん』の装画でも知られる、いわさきちひろの作品などを展示。

いわさきちひろのドローイングなども

繊細な描写
ジャンセン の
作品群にふれる

安曇野ジャンセン美術館 ➡P.73
あずみのジャンセンびじゅつかん

フランスで活躍した現代画家ジャン・ジャンセンの作品を収蔵・展示している美術館。ミュージアムショップでは画集も購入できる。

彫刻家・碌山 の世界観と、広大な わさび農場 で
安曇野ののびやかな風情を楽しむ

碌山美術館
ろくざんびじゅつかん
➡P.70

安曇野に生まれた彫刻家・荻原守衛（碌山）や、高村光太郎の力強い彫刻作品を鑑賞できる。

碌山最後の作品『女』

大王わさび農場
だいおうわさびのうじょう
➡P.68

広大な土地にわさびの栽培地が広がる農場。美しい清流の脇を散策すると、開拓に関わった人たちの夢と歴史が感じられる。飲食施設も充実。

北アルプスの絶景を探しにいく

古くは『万葉集』にも詠まれた地、山岳信仰が残る大自然へ出発。

9:00	扇沢

約15分
関電トンネル電気バス

| 9:20 | 黒部ダム |

約30分
黒部ダムえん堤は徒歩、
黒部ケーブルカー、立山
ロープウェイ

| 11:40 | 大観峰 |

約10分
立山トンネルトロリーバ
ス

| 12:20 | 室堂平／みくりが池 |

約1時間40分
復路。立山トンネルトロ
リーバス、立山ロープ
ウェイ、黒部ケーブル
カー、関電トンネル電気
バス

| 17:20 | 扇沢 |

戦後の経済復興を象徴する くろよんダム へ行く

黒部ダム
くろべダム
➡P.126

エメラルドグリーンの水面に光る黒部湖と北アルプスのダイナミックな景観が広がる。「黒部湖遊覧船ガルベ」に乗船すれば、船でしか行けない場所や湖上からの景色を楽しめる。

アルペンルート の多彩な絶景に 魅了される

大観峰 ➡P.131
だいかんぼう

立山ロープウェイや大観峰雲上テラスから望む後立山連峰の優美さに感動。

さまざまな乗り物を乗り継いでいく

プランニングのアドバイス

立山黒部アルペンルート上で宿泊できる施設があるのは室堂平・弥陀ヶ原・天狗平の3カ所。食事処は黒部湖・大観峰・美女平以外の各駅周辺に集まっている。食事は、それぞれの駅限定の料理など、各所で趣向を凝らしたものが味わえる。山岳地帯だが、観光地でもあるため、大きなレストランなどもあるので便利。

見どころ満載の 室堂平周辺 を散策

みくりが池
みくりがいけ
➡P.132

水深約15mの火山湖に立山連峰の姿が映える景色が美しい。花の季節は散策もより楽しい。立山信仰のなかで神の厨房という意味を持ち、山岳修験者の神水とされてきた神秘の池。周囲のハイマツの陰に潜むライチョウに遭遇できるかも。

ニュース＆トピックス

2023年にお目見えした話題のスポットから、2024年に予定されている最新情報まで
旅行前に知っておきたい、見逃せないニュース＆トピックスをご紹介。

サンドイッチ・クロワッサン・コーヒー
長野で人気の専門店 が安曇野にも

安曇野市三郷、北アルプスを望む「HAMAフラワーパーク
安曇野」にサンドイッチカフェ「SANCH」がオープンした。
系列のクロワッサン専門店「J.CROISSANT」と「J.organic
coffee」を併設した複合店としては初の業態で、オープン
以来、大盛況を呈している。とくに、安曇野店限定のアイ
テムやイートイン限定メニューは要チェック！

「安曇野わさび
を使った贅沢
ローストビー
フ」は777円〜。
ワサビの爽や
かな辛みが効い
ている

SANCH安曇野Garden&Cafe 2023年5月オープン
サンチあづみのガーデン&カフェ

安曇野南部 MAP 本書 P.3 D-3
☎0263-87-4831
🏠安曇野市三郷温5922-1
HAMAフラワーパーク安曇野内
🕐10:00〜17:00(LO16:30) 🈲不定休
🚋JR松本駅から大糸線で12分の一日
市場駅から車で10分 🅿HAMAフラ
ワーパーク安曇野駐車場利用(無料)

ガーデニング店を併設している植物園
「HAMAフラワーパーク安曇野」の一角

客席はゆったりと配さ
れていて、窓辺から緑
の植物が眺められる

メニューは季節ご
とに変更。カラ
フルで味わい豊
かな20〜25種の
サンドイッチはボ
リュームたっぷり

イートイン限定の
「パンが美味し
いフレンチトース
ト」プレーン770
円。数量限定の
デニッシュに変
更の場合880円

北海道山中
牧場の発酵バ
ターを使用し
た27層のクロ
ワッサンは1
個280円〜

有機JAS認定の
コーヒー焙煎所
「J.organic
coffee」。珈琲
432円〜、豆は
100g885円〜

温泉も楽しめる グランピング施設 が
穂高温泉郷に登場

安曇野の山麓、穂高温泉郷に1日2組限定のグランピング
ドームが開業。自然との一体感が感じられる造りで、エ
アコン、アメニティ、その他備品も充実。一年中手ぶら
で利用できる。もちろん風呂は天然温泉だ。夕食はワサ
ビをはじめ地産地消の会席料理またはBBQ。

glampark 檜湯の宿 2023年11月オープン
グランパーク ひのきゆのやど

穂高温泉 MAP 付録 P.12 B-3
🈲なし 🏠安曇野市穂高有明7713-2 🚋JR穂高駅から車で10分
🅿あり 🕐15:30 🕤9:30 🏠1棟 💰BBQプラン2名1人あたり1
万8840円〜、旅館食プラン2名1人あたり1万8730円〜

地元食材を
使ったBBQは
雨天対応可能
な専用スペー
スにて。写真
はイメージ

風呂はアルカリ性
単純温泉の湯を
たたえる総檜風呂
の大浴場を利用。
写真はイメージ

直径6mのドームテン
トは、季節を問わず
快適に過ごせる造り

アウトドア愛好者が信頼を寄せるColumbiaのアイテムが並ぶ

人気アウトドアブランド のショップが上高地観光の玄関口へ

松本市と人気アウトドアブランドとの連携協定の一貫として、上高地バスターミナル横の上高地食堂(P.39)内に登山用品店がオープン。ウェアやシューズ、関連小物類のほか、防寒具、レインウェアなどアウトドア用品がズラリと並ぶ。朝6時から営業しているため、登山直前の装備品の調達に便利。

 Columbia FIELD STORE 上高地
コロンビア フィールドストア かみこうち

2023年4月オープン

大正池〜河童橋 **MAP** 付録 P.6 B-1
☎0263-95-2039(上高地食堂)
所松本市安曇上高地 上高地食堂内
00〜15:00
休不定休(上高地食堂に準ずる)
交上高地バスターミナルからすぐ
Pなし

Columbiaは1938年創業のアウトドア・スポーツ専門ブランド

北アルプスをイメージしたイラスト。Tシャツにもデザインされている(限定品)

城下町・松本の歴史が詰まった 博物館 が移転リニューアルオープン

「松本市立博物館」が場所を松本城二の丸から三の丸に移してリニューアル。江戸〜明治期にフォーカスした常設展示は新旧の違いをより身近に感じながら、松本の歴史や文化を学べる。遊びを通して松本手毬などの伝統や食文化にふれられる「子ども体験ひろばアソビバ!」も人気。

 松本市立博物館
まつもとしりつはくぶつかん

2023年10月リニューアル

縄手通り周辺
MAP 付録 P.16 B-2
☎0263-32-0133
所松本市大手3-2-21
時9:00〜17:00(入館は〜16:30)、1F9:00〜21:00 料常設展500円
休火曜(1Fは第3火曜)
※祝日の場合は翌平日
交JR松本駅から徒歩15分 Pなし

一部アトリウムにガラスを多用したシックでモダンな3階建ての建物

1階の「子ども体験ひろばアソビバ!」やミュージアムショップは入館無料で利用できる

約100年前の製作当初の姿に近づけて復元した「初市の宝船と七福神」

黒部ダムと黒部峡谷鉄道をつなぐ 新しい観光ルート に注目

黒部川第三・第四発電所建設に伴い整備された工事用ルートが一般開放・旅行商品化された。人跡未踏の黒部峡谷に挑んだ電源開発の歴史を体感できるほか、上級登山者しか見られなかった北アルプスの山々を望むことができる。約18kmを竪坑エレベーターや蓄電池機関車など現場で使用していた乗り物で移動。見どころはトンネル掘削の最大難所だった「高熱隧道」。

 黒部宇奈月キャニオンルート
くろべうなづきキャニオンルート

2024年6月始動

黒部ダム周辺 **MAP** 付録 P.19 F-1
☎076-444-4498
(富山県地方創生局 観光振興室)
所富山県黒部市・立山町
料時休2023年10月現在未定(販売会社により変動)
交コースにより集合場所が異なる
Pなし

全長815mの急傾斜を昇降するインクラインに乗って移動

仙人谷の鉄橋から仙人谷ダムや雲切の滝などの美しい自然が望める

吉村昭著『高熱隧道』の舞台。掘削工事中は岩盤温度が160℃以上もあったという

写真提供:松本市立博物館

写真提供:佐藤工業

雄大な山々と清流が織りなす美の競演

色鮮やかな北アルプスへ

季節によって、また時間帯によって、刻々と変化を遂げる北アルプスの風景。
大地と大空、そして湧き出す清冽な水が豊かな陰影をつくり出す。

穂高連峰と青空の
感動的なパノラマ

特集●色鮮やかな北アルプスへ

透明な川と透明な空気、川のせ
せらぎに心が洗われる風景

夏

清水が演出する
大自然の涼を感じて

鏡面に山々が映り込む
室堂平を代表する風景

周囲約600m 深さ15m、室堂
で最大・最深の池

みくりが池 ➡P.132

みくりがいけ

室堂平 **MAP** 付録P.19 D-1

7〜10月にかけて見られる、夏の風
物詩。鏡のような紺碧の湖面に
山々が映る。アクセスも至便な絶景
湖。冬から6月までは雪にすっぽり
覆われている。

称名滝

しょうみょうだき

弥陀ヶ原 **MAP** 付録P.18 B-2

落差は350m。4段に流れ落ちる
大瀑布の飛沫と周辺の緑が、清
涼感を感じさせる。

☎076-481-1500(立山黒部総合案内セン
ター) 所富山県立山町芦峅寺 営休料散
策自由 交富山地方鉄道立山駅から称名滝
探勝バスで15分、称名滝下車、徒歩30分

虹が見えることも多い迫力の水
煙は、見ているだけでも涼しい

雪解け水が流れ込む
落差日本一の名瀑

梓川

あずさがわ

大正池〜河童橋〜明神
MAP 付録P.5 D-2

槍ヶ岳の沢を源流に山々
の湧水を集める冷たく透
き通った川。美しい上高
地の風景の立役者。

23

春

桜色に染まる華やかな季節

常念岳を望む守り神と
2本の桜が牧歌的

常念道祖神
じょうねんどうそじん

➡ **P.75**

安曇野南部 **MAP** 付録 P.8 C-4

のどかな安曇野の、春の訪れを告げる象徴的な風景。JR東日本のCM撮影場所にもなった。

周辺は田畑が広がり、道も狭いため、自転車で訪れたい

特集●色鮮やかな北アルプスへ

白黒のコントラストが美しい国宝の城が春空と桜の色に映える

咲き乱れる桜の木々と優美な天守の競演

松本城
まつもとじょう

国宝

➡ **P.94**

大手周辺 **MAP** 付録 P.16 B-1

300本を超える桜が、松本城公園や外堀沿いに咲き誇る。夜桜と天守との対比も見事。

秋
山々が色づく
あでやかな錦絵

山肌に鮮やかな衣をまとったよ
うに美しい、登山者に人気の山

春
秋

ワンデイ登山として人気
歌人にも愛される色彩美

焼岳
やけだけ

上高地周辺 **MAP** 付録P.3 D-4

北アルプスでは珍しい活火
山。紅葉した木々が、絵画の
ような風景をつくり出す。

☎0263-95-2606
（上高地ビジターセンター）
所松本市安曇上高地

日本一の紅葉と称されるのにふ
さわしいカラフルな色彩美

穂高連峰の岩稜と
色とりどりの紅葉を望む

涸沢カール
からさわカール

涸沢 **MAP** 付録P.4 A-3

穂高連峰の東側に広がる氷
河圏谷。秋になると谷一面が
オレンジ、黄、赤に色づく。

☎0263-95-2606
（上高地ビジターセンター）
所松本市安曇上高地　交上高地バ
スターミナルから徒歩6時間

25

冬
凛として静まる
雪景色

幻想的な池が白樺林と
穂高の雪景色に映える

大正池 ➡P.34
たいしょういけ

大正池～河童橋
MAP 付録P.7 F-4

上高地を象徴する池。四季
折々の美しさを誇るが、雪山
とのコントラストも見もの。

冷たい空気の中、いっそうミス
テリアスで凛とした姿を見せる

眼下一面に広がる
水墨画のような景観

立山ロープウェイ
たてやまロープウェイ

➡P.125

黒部平～大観峰
MAP 付録P.19 E-2

一面が白く染まる冬の立山
連峰。ダイナミックな自然美
が車窓から望める。

雪崩の多いエリアのため支柱が
なくパノラマの眺めが楽しめる

OTONATABI

Kamikochi

上高地

❖

透き通る水のせせらぎが心地よい
梓川に導かれる上高地歩き。
手つかずの自然に潜む動物や
珍しい植物に出会える楽しみ。
新鮮な空気を吸い込んで
体の中からリフレッシュできる
絶景づくしの山歩きへ出かける。

世界に誇る
憧れの山岳観光
リゾート

エリアと観光のポイント

上高地はこんなところです

明治中期にウェストンによってその魅力が世界に知られた山岳リゾートの聖地。
11月中旬から4月下旬までは、すべての施設が休業する。

上高地

宣教師・ウェストンに見いだされ
リゾート地として発展を遂げた

　飛騨山脈南部の梓川上流、標高約1500m地帯に広がる景勝地。穂高連峰や活火山の焼岳、明神岳など3000m級の山々に囲まれ、豊かな森や多様な動植物、神秘的な大正池、湿原などの変化に富む自然風景が人々を魅了する。登山基地として発展し、今では瀟洒なリゾートホテルが建ち、温泉やグルメも楽しめる山岳観光リゾート地として人気を集めている。

　梓川の両岸に、比較的平坦で歩きやすい遊歩道が整備されている。見どころがコンパクトに集まる大正池～河童橋ルート、その上流により深遠な自然の広がる河童橋～明神ルート、本格登山にもチャレンジする明神～涸沢ルートなどコースはさまざまに設定できる。それぞれの体力や日程を考え計画的に楽しもう。

↑河童橋、梓川、穂高連峰が織りなす美景は、上高地を訪れたら必ず見ておきたい

初心者向けの基本コース

大正池～
河童橋ルート →P.34
たいしょういけ～かっぱばしルート

大正池や湿原、梓川など、上高地の代表的な風景を楽しめる定番コース。穂高連峰や六百山の眺めを楽しみつつ、原生林の小径を歩く。

| 観光の ポイント | 大正池 P.26／P.34 河童橋 P.37 |

↑条件が揃えば大正池に穂高連峰がくっきりと映る絶景にも出会える

河童橋上流の自然を満喫

河童橋～
明神ルート →P.40
かっぱばし～みょうじんルート

河童橋から明神までを往復。苔むす渓流や幻想的な明神池、明神岳の展望が迎える。イワナの塩焼きが名物の嘉門次小屋もある。

| 観光の ポイント | 河童橋 P.40／岳沢湿原 P.41 明神池 P.42 |

↑梓川のかつての流路の低地にある明神池。早朝はもやが出やすく幻想的な風景に

上高地の観光シーズン

上高地の営業期間は4月下旬から11月15日。上高地へのバスも同じ期間の運行で、各施設とも冬季は休業する。

右俣谷
右俣林道
白出大滝

岐阜県

天狗岩
西穂高岳

新穂高ロープウェイ
西穂高口駅

岳沢湿原

河童橋
上高地バスターミナル

割谷山

新中尾峠

**大正池～
河童橋ルート**

★大正池

松本市
上高地トンネル

長野県

中の湯温泉
中ノ湯
中部縦貫自動車道
(安房峠道路)
坂巻温泉
↓白骨温泉

現地の情報や見どころ案内などは、上高地バスターミナル界隈で入手することができる。

●上高地インフォメーションセンター
MAP 付録P.6 B-1
☎0263-95-2433 圏8:00〜17:00 休期間中無休 交上高地バスターミナルから徒歩1分

●上高地ビジターセンター
MAP 付録P.6 A-1
写真やパネル、映像などで上高地の自然を紹介。多彩な上高地情報が手に入るライブラリーがあり、ガイドウォークも実施している。ミュージアムショップではグッズや書籍などを販売。
☎0263-95-2606 圏8:00〜17:00 休期間中無休 料入館無料、ガイドウォーク500円 交上高地バスターミナルから徒歩8分

●上高地公式ウェブサイト
URL www.kamikochi.or.jp

明神〜涸沢ルート

河童橋〜明神ルート

岐阜県

奥穂高岳
穂高連峰
★明神池
焼岳
★大正池
中の湯温泉
上図

長野県

さわんど温泉
白骨温泉

山小屋泊で本格登山に挑戦

明神〜涸沢ルート ➡P.46
みょうじん〜からさわルート

明神からさらに梓川を遡って、標高2300mの涸沢カールを目指す1泊2日のコース。途中からは岩場のある本格登山となる。

観光のポイント｜古池 P.46／徳沢 P.47｜涸沢 P.47

↑涸沢カール。夏は可憐な花々が咲き誇り、秋は鮮やかな紅葉が広がる

白濁した信州自慢の秘湯

白骨温泉 ➡P.64
しらほねおんせん

上高地周辺に位置する人気の温泉場。白濁の湯で知られ、深い山あいに十数軒の宿が点在する秘湯。日帰り入浴も利用できる。

↑乳白色で弱酸性の湯。その効能は「3日入れば、3年風邪をひかない」といわれるほど

上高地を知るガイドツアー

五千尺ホテル上高地内でハイキングガイドが申し込める。上高地の自然についてのガイドが受けられ、ニーズに合わせてさまざまなコースが用意されている。空きがあれば当日受付も可能だが、事前予約が望ましい。

●ネイチャーガイド ファイブセンス
MAP 付録P.6 A-1
☎080-8808-5466 圏8:00〜16:00 休期間中無休 料2時間コース5800円〜

お役立ちinformation

主要エリア間の交通

鉄道・バス

扇沢
↓路線バスで約35分
信濃大町駅
↓JR大糸線で約30分
穂高駅

JR大糸線で約30分 / 浅間温泉
↓路線バスで約25分
松本駅・松本バスターミナル
↓松本電鉄上高地線で約30分
新島々駅

約1時間35分（直通バス 1日2便） / 路線バスで約1時間5分 / 路線バスで約40分
さわんどバスターミナル
↓路線バスで約15分
上高地バスターミナル / 白骨温泉

車

扇沢
↓県道45・474号経由で18km
信濃大町駅
↓国道147号経由で20km
穂高駅
↓国道147号、県道310号経由で8km
安曇野IC

長野道経由で8km / 県道57号、国道143号、県道284号経由で11km
浅間温泉
↓やまびこ道路、県道67号、国道143号経由で5km
松本駅
↓国道143・158号経由で3km
松本IC
↓国道158号経由で33km
沢渡駐車場地区

シャトルバスで約30分 / 国道158号、県道300号経由で6km
上高地バスターミナル / 白骨温泉

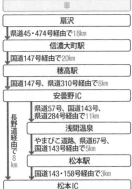

「便指定予約」が必須

上高地バスターミナル発、さわんど経由新島々駅行きバスは、便の指定（予約）が必要。HPまたは上高地バスターミナル窓口で予約でき、乗車日・発車時刻を指定する。1カ月先までの予約が可能で、現地で予約するなら、上高地到着時に済ませておきたい。発車時刻の10分前からバス停に並んだ順に乗車（自由席）。なお、白骨温泉、乗鞍高原へ向かう場合は、さわんどバスターミナルで乗り換える。
☎0263-92-2511
（アルピコ交通 新島々営業所）

上高地はこんなところです

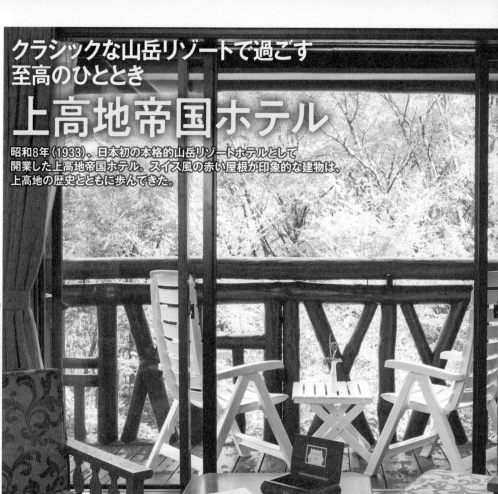

クラシックな山岳リゾートで過ごす至高のひととき
上高地帝国ホテル

昭和8年（1933）、日本初の本格的山岳リゾートホテルとして
開業した上高地帝国ホテル。スイス風の赤い屋根が印象的な建物は、
上高地の歴史とともに歩んできた。

穂高連峰の残雪が映える
日本屈指のリゾートホテル
上高地帝国ホテル
かみこうちていこくホテル

上高地にリゾートの歴史を切り拓いてきた格式あるホテル。開業から90年以上が経った今も、国内観光客はもちろん、世界中の人々に愛され続けている。スイス風の赤い屋根がシンボル。館内では、人々が木のぬくもりにやさしく包まれ、大きなマントルピースを囲んでなごやかに語らう。

大正池〜河童橋 **MAP** 付録P.6 C-3

HOTEL DATA

☎0263-95-2001
所松本市安曇上高地
交上高地帝国ホテル前バス停から徒歩1分／上高地バスターミナルから徒歩8分
in14:00 out11:00 室74室
予算3万7950円〜
（室料のみ、2023年の料金）

※11月中旬〜4月下旬は冬季休業します

大人の時間を過ごす

マントルピースを囲みながら
カクテルを楽しむ

バーホルン

場所をロビーラウンジに移して新た
に生まれ変わったバーホルン。今ま
でのバーホルンとオールドインペリ
アルバーのイメージが融合したバー
コーナーを満喫したい。マントルピー
スを囲むテーブル席も、夜はバーラ
ウンジとして利用できる。

大正池〜河童橋 **MAP** 付録P.6 C-3

☎0263-95-2001
🕐16:30〜22:00
❌上高地帝国ホテルに準ずる

1.美しい自然の景色を間近に、優雅で贅
沢な時間と空間に酔いしれる
2.印象的な赤い屋根が上高地の大自然
と調和した山岳リゾートホテル
3.窓の外に穂高連峰を望むベランダ付き
のツインルーム
4.ホテルのシンボルでもあるマントル
ピースを囲んで思い思いのひとときを
5.屋根の傾斜をそのまま部屋のデザイン
に生かした山小屋風の客室
6.北アルプス穂高連峰、焼岳をはじめとす
る山々に抱かれたロケーション
7.ツインルームの窓からは、上高地の美
しい景色が庭のように目の前に広がる
8.上高地の自然と調和し、館内はやさし
い木のぬくもりに包まれている

⬆100%天然の湧き水を凍らせたロックアイ
スを使用。至福の一杯を傾けながら、夜の静
寂を噛み締めてみたい

※宿泊料金は、特記のない場合、1室2名で宿泊したときの1名分の料金です

↑ホテルの歴史とともに受け継がれてきた伝統の味を贅沢にいただく

上高地帝国ホテルの極上レストラン

リゾートホテルの贅に浸る

由緒あるホテルのディナーは山小屋風のダイニングで本格的なフランス料理のフルコース。
爽やかな空気に包まれていただく朝食もまた格別だ。

信州の自然が育む旬の素材が味わいをよりいっそう深める

フレンチ

ダイニングルーム

帝国ホテルの伝統の味に信州の旬の素材を取り入れ、上高地帝国ホテルでしか味わえないフランス料理フルコースを提供している。静かな大自然の空気のなかで味わう朝食、卵料理を中心としたアメリカンブレックファストも格別だ。

夕食メニュー（フランス料理フルコース）
2種類 1万8400円・2万700円
フランス料理のフルコースディナーは
日替わりで2種類を用意

予約 夜は要
予算 Ⓑ4140円〜
　　 Ⓓ1万8400円〜

大正池〜河童橋
MAP 付録P.6 C-3
☎0263-95-2001
営朝食7:00〜9:30
夕食17:30〜、19:45〜
（ともに宿泊者専用）
休上高地帝国ホテルに準ずる

↱山小屋風でカジュアルな雰囲気。ランチは宿泊者以外も利用できる

帝国ホテル伝統の
ビーフカレー
3600円
長年受け継がれてきた帝国ホテルの伝統のカレー

信州産地卵のオムライスと
ハッシュドビーフ 3800円
信州産地卵の半熟卵に伝統のデミグラスソースがベースのハッシュドビーフ

休憩地として気軽に利用できる
山小屋風レストランで洋食を

カジュアルレストラン

アルペンローゼ

| 予約 | 可 |
| 予算 | L D 3200円～ |

木のぬくもりが感じられる山小屋風レストラン。上高地帝国ホテルは河童橋と大正池の中間地点に位置し、散策の休憩スポットとしても利用できる。オムライスとハッシュドビーフやビーフカレーなどのメニューが人気。

大正池～河童橋
MAP 付録P.6 C-3
☎0263-95-2001
🕐昼食11:00～14:00(LO)
夕食17:30～20:00(宿泊者専用)
🅗上高地帝国ホテルに準ずる

↱気温が下がった日は暖炉に薪をくべ暖をとる

↱上高地帝国ホテルのカスタードプリンセット2300円は1日20食限定

ケーキセット2100円
ケーキとコーヒーまたは紅茶のセット

↱暖炉の火と木のぬくもりが落ち着いた雰囲気を演出する

大きなマントルピースを囲んで
語らいながら優雅なひとときを
喫茶

グリンデルワルト

| 予約 | 不可 |
| 予算 | 1200円～ |

上高地帝国ホテルのシンボル、マントルピースが中央にあり、それを囲むうにテーブル席が配されている。上高地散策の途中で、オリジナルケーキや湧水で淹れたコーヒーを味わいながら憩いのひとときを過ごせる。

大正池～河童橋
MAP 付録P.6 C-3
☎0263-95-2001
🕐9:00～22:00
(16:30～22:00宿泊者専用)
ケーキ・サンドイッチは
10:00～16:00(一部は～
15:00) 🅗上高地帝国ホテルに準ずる

池や湿原など代表的風景が点在する定番コース

大正池～河童橋ルート

たいしょういけ～かっぱばし

立ち枯れた木々が幻想的な大正池、梓川や穂高連峰に魅せられつつ、上高地のシンボル・河童橋へ。

気軽に歩ける王道散策コース 河童橋で自慢の山並みを満喫

大正池や河童橋、田代湿原、穂高連峰の遠望など、上高地を代表する自然風景がコースの随所にちりばめられている。所要約1時間と短めなので、上高地初心者に特におすすめのコースだ。湿原地帯や原生林の中に続く、ほぼ平坦な歩道を歩く。

穂高連峰を映す大正池。夏の早朝には朝もやに包まれ幻想的に

1 大正池・大正池展望台

たいしょういけ・たいしょういけてんぼうだい

➡P.26

MAP 付録P.7 F-4

幻想的な水辺の風景

大正4年(1915)の焼岳の噴火で、梓川がせき止められて生まれた池。立ち枯れた木々がたたずみ、穂高連峰や焼岳を水面に映す。

☎0263-95-2606(上高地ビジターセンター)
所松本市安曇上高地　開休料散策自由　交大正池バス停から徒歩1分／上高地バスターミナルから徒歩45分

⇧大正池ホテルのそばに展望台があり、大正池全景が眺められる。早朝からシャッターチャンスを待つ観光客も多い

※11月中旬～4月下旬は冬季休業します。

➡P.36へ続く

↑大正池にいるマガモなどの水鳥たちは、とても人なつこい

ウェストン・レリーフ **4** — ウェストン園地

上高地ルミエスタホテル P.54
P.39 ラ・リヴィエール **S** **R**
P.60
上高地ルミエスタホテル **H**
P.61 上高地温泉ホテル **H**
P.38 やまのらうんじ **R**

治山運搬路（通行不可）

P.61 上高地ホテル白樺荘 **H** **5** 河童橋
P.62 上高地西糸屋山荘
P.62 上高地アルペンホテル **H**
五千尺ホテル
上高地 P.61

★ネイチャーガイドファイブセンス P.29
ザ・パークロッジ上高地

上高地インフォメーションセンター P.29 **i**

上高地局（季節限定）

P.37 上高地バスターミナル ★
GOAL

── 上高地観光センター
R 上高地食堂 P.39
S Columbia FIELD STORE
上高地 P.21

3 田代橋・穂高橋

上高地温泉ホテルには無料の足湯がある

★中の瀬園地 P.36

上高地帝国ホテル P.30
ᴗ帝国ホテル前

バスの発着地となっている上高地の交通の起点

★自然研究路 林間コース

森林浴を楽しみながら木道を散策する自然研究路 林間コース

川沿いの自然研究路 梓川コース

★自然研究路梓川コース

田代湿原と緑の木々越しに穂高連峰を望む、人気の展望ポイント

↑梓川の左岸から、迫力ある六百山の山岳風景が楽しめる

田代池

2 田代池・田代湿原

ᴗほとんどの散策路の分岐点には道標があるので安心だ

景観で選べる遊歩道

自然研究路 梓川コース ＆ 林間コース

しぜんけんきゅうろ あずさがわコース ＆ りんかんコース

MAP 付録P.6 C-3

**原生林に囲まれた心地よい散策路
分岐から好みのルートへ進もう**

大正池と河童橋を結ぶ自然研究路。途中の田代湿原で、梓川コースと林間コースに分かれ、田代橋手前で再び合流する。梓川コースは川沿いの樹林帯の道、林間コースは湿地帯に木道が続く。所要時間はほぼ同じだ。

自然研究路 入口

中千丈沢の押し出し P.36 ★

大正池・大正池展望台
1

R レストランレイクビュー P.38

正面には雄大な焼岳。池越しに穂高連峰も一望できる

H 大正池ホテル P.62
大正池
★ 大正池バス停
START

N
0 200m

↑槍ヶ岳に源を発する梓川。コースの随所で清流を眺められる

バス停留所
大正池
TAISYOUIKE
松本電気鉄道

ᴗシャトルバスの停留所・大正池バス停で下車。大正池ホテルの脇の道を進めば、じきに大正池に出る

ᴗ森林に暮らすサルたちが時折、梓川の河原に姿を見せることも

所要◆約1時間10分〜
大正池〜河童橋ルート

スニーカーなどの歩きやすい靴で。トイレは田代橋とウェストン園地付近にある。

大正池バス停		1 大正池・大正池展望台		2 田代池・田代湿原		自然研究路 梓川コース		3 田代橋・穂高橋		4 ウェストン・レリーフ		5 河童橋		上高地バスターミナル
	0.1km／1分		1.2km／22分		1km／18分				右岸遊歩道0.5km／5分		1.1km／17分		0.4km／5分	

池は土砂の流入などで徐々に小さくなっている。晩秋には霧氷が見られる日も

2 田代池・田代湿原
たしろいけ・たしろしつげん

MAP 付録P.7 D-3

季節を染め上げる森の湿原

原生林に囲まれた田代湿原には、湿生植物が繁茂。田代池は、六百山や霞沢岳の伏流水が流れ込んだ浅い池。

☎0263-95-2606（上高地ビジターセンター）
所松本市安曇上高地　開休料散策自由
交上高地バスターミナルから徒歩40分

↩秋になれば、田代湿原の周囲の木々は黄色に紅葉し、池を染める。夏には岸辺にニッコウキスゲやトモエソウの花が咲く

↩芥川龍之介の小説『河童』にも登場した

中の瀬園地
なかのせえんち

MAP 付録P.6 B-3

田代橋近くの梓川左岸沿いに白樺やハルニレの林が広がる。橋のたもとにはあずま屋や案内板、ガイドマップ（100円）の販売箱を設置。園内の歩道を進めれば、公衆トイレやお弁当を広げるのに便利なテーブルとベンチが点在。

※11月中旬〜4月下旬は冬季休業します

3 田代橋・穂高橋
たしろばし・ほたかばし

MAP 付録P.6 B-3

風の渡る眺望スポット

中州を境に連続して梓川に架かる2本の橋。左岸側が田代橋、右岸側が穂高橋。穂高連峰や下流側の焼岳の眺望も素晴らしい。

☎0263-95-2606（上高地ビジターセンター）　所松本市安曇上高地　開休料散策自由　交上高地バスターミナルから徒歩25分
↩田代橋でコースの約3分の2。橋の上の景色を楽しみつつ小休止

4 ウェストン・レリーフ

MAP 付録P.6B-3

上高地の偉人の碑

上高地の魅力を世界に紹介し、日本人に登山の楽しみを伝えた英国人宣教師ウェストンの功績を讃えて建てられた石碑。近くにウェストン園地もある。

☎0263-95-2606(上高地ビジターセンター) ㊟松本市安曇上高地 [料]散策自由 ㊤上高地バスターミナルから徒歩20分

↑岩盤にはめ込まれたレリーフ。日本山岳会が昭和12年(1937)に設置した

イベントにも注目

上高地ウェストン祭

近代登山の父・ウェストンを偲んで当日は上高地ウェストン広場にて、地元小学生によるレリーフへの献花や、合唱、記念講演などが行われる。
[問い合わせ先]
☎0263-94-2307(松本市アルプスリゾート整備本部)
[開催日]6月第1日曜 [参加費用]無料

写真提供:松本市アルプスリゾート整備本部

ゴールポイントはここがベスト

上高地バスターミナル

かみこうちバスターミナル

MAP 付録P.6B-1

松本方面、高山方面行きのバスの始発点でタクシー乗り場もあり便利。飲食店や売店、手荷物預り所もある。ハイシーズンのバスは満員で途中の停留所からは乗れないことが多いので要注意。

5 河童橋 ➡P.40/P.59

かっぱばし

MAP 付録P.6A-1

上高地観光のハイライト

上高地のシンボルといえばこの吊り橋。橋から眺める穂高連峰と梓川は絶景だ。付近に食堂や売店、宿泊施設が集まる。

☎0263-95-2606(上高地ビジターセンター) ㊟松本市安曇上高地 [料]散策自由 ㊤上高地バスターミナルから徒歩5分

↑下流にも目を向けて、向こうに見える焼岳の眺望も楽しみたい

大正池〜河童橋ルート

上高地の魅力満載、定番のハイキングコースで

のんびり山中でお昼ごはん

上高地の豊かな自然を満喫するには歩くのがいちばん。上高地の2大スポットを結ぶ
ルート上には梓川のせせらぎに癒やされながら食事が楽しめる店も点在する。

上高地 ●歩く・観る

懐かしさを感じる味わいのオリジナルカレーが人気

やまのらうんじ

予約	不可
予算	Ⓛ1000円〜

MAP 付録P.6 B-3

河童橋から下流1kmほどのところ
の梓川沿いにある上高地温泉ホ
テル。1階ロビー横にあるのが喫
茶コーナー「やまのらうんじ」。ち
ょっとひと休みしたいときにぴった
りの、軽食やデザートが揃う。

☎0263-95-2311
（上高地温泉ホテル）
🏠松本市安曇上高地
🕐8:00〜16:00（ランチ11:00〜
14:00頃）🈲期間中無休
🚃上高地バスターミナルから徒
歩30分／帝国ホテル前バス停か
ら徒歩7分

ホテルデータは ➡P.61

↑焼岳を望む梓川河畔に建つ上高地
温泉ホテル

↑人気メニューのカレーにハンバー
グをトッピング

↑ラウンジのソファでゆっくりとくつろげる

※11月中旬〜4月下旬は冬季休業します

窓の外には神秘的な大正池の景色が広がる

レストラン レイクビュー

MAP 付録P.7 F-4

焼岳の噴火によってできた湖が神秘的
な光景をつくり出している大正池のほと
りにある唯一のホテル&レストラン。大
正池と焼岳の景色が窓いっぱいに広が
り、絶景と食事を同時に楽しめる。

予約	不可
予算	Ⓑ Ⓛ900円〜

☎0263-95-2301（大正池ホテル）
🏠松本市安曇上高地
🕐7:00〜16:00（LO15:30）🈲期間中無休
🚃大正池バス停からすぐ／上高地バスター
ミナルから徒歩1時間

ホテルデータは ➡P.62

↑定食のほか、軽食や喫
茶利用もできる

↑上高地の玄関口となる大正池のほとりにたたずむ大正池ホテル

↑松本名物の山賊焼きプレート1600円はボリューム満点

信州の旬を堪能できる起点ターミナルの食事処

予約	不可
予算	Ⓑ Ⓛ 1000円〜

◆イワナの塩焼きを味わえる上高地定食1920円

上高地食堂
かみこうちしょくどう

MAP 付録P.6 B-1

雄大な穂高連峰を眺めながら、イワナや信州サーモン、そばなど信州産の食材を使った料理を楽しめる。名物「河童焼」やオリジナルのソフトクリームも人気だ。

☎0263-95-2039
所松本市安曇上高地
営6:00〜15:00(季節により変動あり)
休期間中無休
交上高地バスターミナルからすぐ

↑早朝6時から営業。登山客も利用しやすい

↑上高地バスターミナルに隣接

おみやげをチェック

◆毎日手作りで焼き上げられる上高地名物「河童焼」1個300円〜は手軽にテイクアウトできる

素晴らしい景色のなかでリゾート気分満喫のランチを

◆好評の本日のランチコース(料理はイメージ)

ラ・リヴィエール

MAP 付録P.6 B-3

本日のランチコースをはじめ、ホテルオリジナルの「黄金カレー」などを用意。霞沢岳や六百山を眺めながら、リゾートならではの優雅な時間を堪能できる。

予約	要(完全事前予約制)
予算	Ⓛ 2500円〜

☎0263-95-2121
(上高地ルミエスタホテル)
所松本市安曇上高地
営11:30〜13:20(LO)　休期間中不定休
交上高地バスターミナルから田代橋経由で徒歩20分／帝国ホテル前バス停から徒歩10分

ホテルデータは ➡ P.60

↑窓から霞沢岳や六百山を見渡せる

のんびり山中でお昼ごはん

濃密な自然を求めて梓川上流へ。 両岸からの雄大な風景を堪能

河童橋～明神ルート

かっぱばし～みょうじん

神秘的な明神池や明神岳、苔むす渓流。 よりワイルドな上高地の自然を感じよう。

岳沢の雪解け水から生まれた岳沢湿原。澄んだ水がすがすがしい

原生林ならではの自然美 多種多彩な景色に包まれる

河童橋から梓川上流に架かる明神橋を折り返す。岳沢湿原や苔むす森、渓流がすがすがしい梓川右岸遊歩道を歩き、穂高神社奥宮の神域に広がる明神へ。復路の左岸道では、足元に笹原の広がる樹林の中を歩く。清水川に架かる清水橋を渡って河童橋へ。

➡岳沢湿原のデッキから、標高2470mの六百山の雄姿を堪能しよう

上高地 ● 歩く・観る

せせらぎや苔むす森が美しい

1 河童橋
かっぱばし
➡ P.37/P.59
MAP 付録P.4A-2

上高地のシンボルを起点に

まずは上高地のシンボル、河童橋の上から穂高連峰や梓川の風景を満喫。観光客であふれる前に、記念撮影を済ませておこう。

↻GWや夏などハイシーズンには、景色を堪能する観光客が橋の上で鈴なりになる光景が見られる

岳沢湿原 2

梓川右岸遊歩道 ★

🏨上高地アルペンホテル P.62
🏨上高地西糸屋山荘 P.62
🅁グリーンポット P.45
🏨上高地ホテル白樺荘 P.61
🅂上高地レストステーション P.45

1 河童橋

★上高地の清流 P.41

★梓川左岸道 P.43

★上高地ビジターセンター P.29

五千尺ホテル上高地 P.61
🅁五千尺キッチン P.44
🅒スイーツカフェ&バー LOUNGE P.52
🅂上高地のおみやげや P.55
★ネイチャーガイド ファイブセンス P.29

途中でアップダウンのある道も

↻上高地バスターミナルから出発。付近には手荷物預り所があり、売店で弁当や飲み物も手に入る

ザ・パークロッジ上高地 🏨

ℹ️上高地インフォメーションセンター P.29

上高地観光センター

★上高地バスターミナル P.37

START& GOAL

※11月中旬～4月下旬は冬季休業します

所要 ◆ 約2時間25分										

右岸と左岸で上高地の違った風景が楽しめるルート。嘉門次小屋と上高地明神館で食事がとれる。

河童橋〜明神ルート

上高地バスターミナル	→	1 河童橋	→	2 岳沢湿原	→	穂高神社奥宮 3	→	明神池 4	→	明神橋 5	→	梓川左岸道	→	上高地バスターミナル

0.4km/5分　0.7km/10分　2.7km/1時間　すぐ　0.3km/4分　3.8km/1時間5分

---

2 岳沢湿原

だけさわしつげん

MAP 付録P.4A-1

マガモなども暮らす

岳沢の登山口に広がる湿原。正面に六百山を望み、初夏にはレンゲツツジやニッコウキスゲの花が周辺に咲き誇る。

☎ 0263-95-2606（上高地ビジターセンター）
所 松本市安曇上高地
開休料 散策自由
交 上高地バスターミナルから徒歩15分

樹林の道を抜けると、静寂に包まれた湿原が現れる

➡ P.42へ続く

注目ポイント

清涼感あふれる梓川の流れ
もうひとつの小さな清流も必見

上高地の中央を流れる清流・梓川。河童橋から50m上流には、もうひとつの清流の清水川が流れ込む。六百山の伏流水をたたえる清水川は名のとおり清らか。「信州の名水・秘水」に選ばれ、上高地の貴重な飲料水となっている。

上高地の清流

かみこうちのせいりゅう

MAP 付録P.4A-2

嘉門次小屋の前には山案内人・上條嘉門次の石碑が

4 明神池
★御船神事
P.42

治山運搬路（通行不可）

P.42/P.48/P.57 嘉門次小屋 R ★
嘉門次小屋

3 穂高神社奥宮

H 山のひだや

5 明神橋

⤴水没して立ち枯れた木々が独特の風景をつくる岳沢湿原

P.43下白沢の押し出し
★

H 上高地 明神館 P.46

⤴樹林帯に続く梓川左岸道。時折姿を見せる、明神岳などの山並みを愛でながら歩こう

N
0　200m

付近にベンチやトイレがあるので、休憩場所にぴったり

⤴左岸道よりも観光客は少なめで比較的静かな右岸遊歩道

変化のある多彩な自然

梓川右岸遊歩道

あずさがわうがんゆうほどう

MAP 付録P.4B-1

野性味あふれるルート
涼しげな世界が広がる

左岸道よりも距離がやや長く、アップダウンも多いが、よりワイルドな自然に出会えるルート。針葉樹林や湿地に木道が続き、昔ながらの沢筋など、変化に富んだ風景を満喫できる。初夏に咲く高山植物の鮮やかな花も楽しむ。

立ち寄りスポット

嘉門次小屋
かもんじごや

明治期の山の案内人・上條嘉門次の子孫が営む山小屋兼食堂。囲炉裏で焼く名物・イワナの塩焼きの定食のほか、そばなどが味わえる。

MAP 付録P.5 D-2 → **P.48/P.57**

☎0263-95-2418 〒松本市安曇上高地4469-1 営8:30～16:00(LO)
休11月16日～4月下旬 交上高地バスターミナルから徒歩1時間10分

⚫イワナの塩焼き1200円。定食は1800円
⚫建物前には嘉門次の石碑が立つ

穂高神社の祭事

穂高神社奥宮 御船神事
ほたかじんじゃおくみや おふねしんじ

MAP 付録P.5 D-1

山の安全を神に感謝する
神域で執り行われる厳粛な行事

山への感謝と安全を願う神事として、毎年10月8日に、穂高神社奥宮で例大祭の御船神事が行われる。想像上の水鳥・鷁(げき)の首と龍の頭を船首にかたどった2艘の船が、神官や巫女を乗せて神池をゆっくりと進む。雅楽の調べが響くなか、鮮やかな船が浮かぶ光景は雅な雰囲気が漂い、まるで平安絵巻を思わせる。

⬆紅葉に染まる上高地で厳かな神事が催される(写真提供:松本市アルプス山岳郷)

※11月中旬～4月下旬は冬季休業します

3 穂高神社奥宮
ほたかじんじゃおくみや

MAP 付録P.5 D-1

旅路の安全を祈ろう

安曇野市にある穂高神社(P.70)の奥宮。明神岳をご神体とし、祭神の穂高見命は日本アルプスの総鎮守で、海陸交通守護の神様。

☎0263-95-2430 〒松本市安曇上高地
営6:00～日没 休期間中無休
料500円 交上高地バスターミナルから徒歩1時間15分

ご神体の明神岳に向かって、穂高神社奥宮の拝所が建てられている

⬆緑に包まれるようにして立つ鳥居をくぐると、奥宮の拝所が正面に現れる

4 明神池
みょうじんいけ

MAP 付録P.5 D-1

神池とも呼ばれる神秘の池

穂高神社奥宮の境内に広がり、一之池と二之池の2つの池からなる。水の透明度も高く、明神岳からの伏流水が流れ込み冬でも凍結しない。

☎0263-95-2606(上高地ビジターセンター)
〒松本市安曇上高地 休穂高神社奥宮に準ずる
料穂高神社奥宮拝観料500円
交上高地バスターミナルから徒歩1時間15分

朝もやに包まれる明神池。神域に広がる池が、最も神秘的な姿になる瞬間だ

梓川左岸道
あずさがわさがんどう

MAP 付録P.4B-2

そびえる明神岳を眺めつつ木々を抜けて河童橋へ

河童橋と明神橋を結ぶ梓川左岸の道は右岸遊歩道よりも比較的平坦な道がまっすぐ続いている。明神橋からの前半は岸辺近くの明るい道、後半は針葉樹林と笹原に囲まれた森の小径。上高地ビジターセンター先の清水橋の下を清流・清水川が流れる。

5 明神橋
みょうじんばし

MAP 付録P.5D-2

全長約54mの吊り橋

比較的観光客も少なく、美しい明神岳を静かに眺められるビュースポット。周辺でのんびりするのもおすすめ。

☎ 0263-95-2606(上高地ビジターセンター) 所 松本市安曇上高地 開休料 散策自由 交 上高地バスターミナルから徒歩1時間20分

↑明神橋を渡り、梓川左岸道で河童橋へ戻ろう

注目ポイント

森に拓けた白い世界 対岸の山岳風景も魅力

下白沢の押し出し
しもしろさわのおしだし

MAP 付録P.5D-2

下白沢の上流から流れ出た土砂が堆積して生まれた砂利場。白い大地と周囲の立ち枯れた木々が荒涼とした気配を醸し、緑豊かな上高地でここだけ別世界のような雰囲気。荘厳な明神岳のビュースポットでもある。

明神池は、梓川のかつての流れが土砂でせき止められて生まれた

↑一軒宿の上高地 明神館。宿横に立つ穂高神社奥宮参道の碑は、ここから神社の神域が始まることを示す

↑大岩が随所に点在する池は、自然がつくった日本庭園のように趣深い

43

上高地の奥深い自然美を、存分に体感できるコースで

自然を感じてホテルでランチ

河童橋から明神池へ向かうルートは、せせらぎの音を聞きながら、原生林の中の小道を行く。
爽やかに森林浴も楽しみながら優雅な食事の時間も。

河童橋や穂高連峰
が望めるカウンター
席を備える

上高地●歩く・観る

河童橋を見下ろす上高地散策の拠点

五千尺キッチン
ごせんじゃくキッチン

MAP 付録P.4A-2

河童橋、梓川の清流、穂高連峰の山々を窓から眺めながら、料理長自慢の山賊定食など、信州の食材を生かした料理の数々が味わえる。

☎0263-95-2111（五千尺ホテル上高地）
📍松本市安曇上高地 🕐11:00〜15:00頃
（季節により営業時間延長あり）🗓期間中無休
🚌上高地バスターミナルから徒歩5分

ホテルデータは⇒P.61

↖河童橋手前の
広場にある

※11月中旬〜4月下旬は冬季休業します

↑信州米豚のカツカレー2780円(左)、信州米豚の贅沢ソースのカツ丼2480円(右)

→やわらかくジューシーな鶏肉を使った山賊定食1580円はボリュームもあり大満足のメニュー

予約 可
予算
Ⓛ1500円〜

静かでくつろげる穴場的なスポット

グリーンポット

MAP 付録P.6A-1

山小屋風のたたずまいでアットホームな雰囲気が落ち着く店。店内はリニューアルされ、土足で出入りでき、テラス席も備える。食事は人気のカレー各種トッピングや種類の増えた定食から選べる。大盛りは量の多さにビックリ。

☎0263-95-2206（上高地西糸屋山荘）
⚑松本市安曇上高地 🕐11:00〜13:30 ✖期間中無休 🚌上高地バスターミナルから徒歩7分

ホテルデータは➡P.62

⬆河童橋から徒歩2分。喧騒を逃れた穴場的なスポット

⬆木のぬくもりで温かく迎えてくれる山小屋風の店内

⬆人気のカツカレー（サラダ付き）1200円はコクのある味わいで観光客からも好評。盛り付けも豪快でうれしい

予約	不可
予算	Ⓛ700円〜

TAKEOUT

散策中のひと休みにランチ＆デザート

河童橋近くで軽食や弁当をテイクアウト

カフェテリア トワ・サンク ➡P.53

MAP 付録P.6A-1

河童橋からすぐの梓川沿いにあるオープンテラスカフェ。手軽なケーキから軽食、おみやげまで揃う。信州食材を使ったお弁当が人気。

☎0263-95-2221
（ザ・パークロッジ上高地）
⚑松本市安曇上高地 🕐9:00〜16:00 ✖期間中無休 🚌上高地バスターミナルから徒歩7分

⬆信州松本名物山賊弁当1200円

⬆自然のなかで食べるお弁当は最高。のり弁当・穂高1100円

河童橋のたもとにある休憩所

上高地レストステーション

かみこうちレストステーション
MAP 付録P.4A-2

☎0263-95-2131
（上高地ホテル白樺荘）

上高地ホテル白樺荘1階にあるレストステーション。信州安曇野産牛乳を使ったジェラートは種類も豊富。

⚑松本市安曇上高地 🕐8:00〜17:00 ✖期間中無休 🚌上高地バスターミナルから徒歩5分

ホテルデータは➡P.61

⬆河童橋の景色を眺めながら、軽食や買い物が楽しめる憩いのスポット

⬆上高地ジェラート ミルク500円

折れ曲がった枯れ木が不思議な風景を生む。小さな池なのでお見逃しなく

紅葉に染まる別天地
標高2300mの涸沢カールへ

明神~涸沢ルート

みょうじん～からさわ

体力に自信ありの人におすすめ。
涸沢への登山に挑戦し、
すがすがしい山小屋の朝を体験する。

上高地 ●歩く・観る

登山の準備をして出発
体力次第で日帰りも

　明神から梓川を遡り、高山植物と紅葉の見事な涸沢カールを目指す1泊2日のコース。明神から横尾までは整備された歩道だが、横尾大橋からは本格登山道となり、本谷橋を渡ると急勾配になる。体力次第では、横尾で引き返すプランも考えたい。

1 上高地 明神館

かみこうち みょうじんかん

MAP 付録P.5E-2

明神にある一軒宿

梓川左岸道の中心にある森に囲まれた宿。明神池までは徒歩5分。小鳥のさえずりで目覚め、朝焼けの明神岳の眺めを満喫できる。個室と相部屋あり。

☎0263-95-2036
所松本市安曇上高地4468明神 営食堂7:00～15:00頃 休期間中無休 交上高地バスターミナルから徒歩45分(平地ハイキングのみ) in14:00～16:00推奨 out8:30 客36室 予約1泊2食付 相部屋1万3500円～、個室2万円前後

↑上高地明神に到着したら、そのまままっすぐ進んで、アルプスや徳本峠へ登れる

↑近くにトイレあり。宿の食堂は朝から営業。売店もある

↑カラマツなどが生い茂る梓川左岸道を歩き、上高地明神館を目指そう

2 古池

ふるいけ

MAP 付録P.5F-1

心癒やされる水風景

明神と徳沢の中間地点にある小さな池。湧水がつくる池の周りには、湿地と原生林が広がっている。

☎0263-95-2606
(上高地ビジターセンター)
所松本市安曇上高地 料散策自由 交上高地バスターミナルから徒歩1時間35分

↩錦繍の山々が美しい涸沢カール。秋は登山客で最も賑わう季節だ

↻キャンプ地周辺のニリンソウの群落地。5月中旬頃には、小さな白い花の絨毯ができる

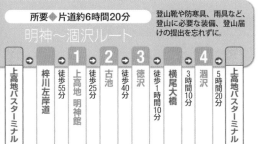

所要◆片道約6時間20分

明神〜涸沢ルート

登山靴や防寒具、雨具など、登山に必要な装備、登山届けの提出を忘れずに。

上高地バスターミナル	→	梓川左岸道	→	1 上高地明神館	→	2 古池	→	3 徳沢	→	横尾大橋	→	4 涸沢	→	上高地バスターミナル
		徒歩55分		徒歩25分		徒歩40分		徒歩1時間10分		3時間10分		5時間20分	

本谷橋

涸沢 **4**

屏風岩

北穂高岳

涸沢方面登山者は横尾山荘に1泊して体力温存しよう

涸沢小屋

涸沢岳

サイテングラート

岩場が続く本格的な登山道

横尾山荘

穂高岳

穂高氷河圏谷涸沢ヒュッテ P.48

P.47 横尾大橋 ★

避難小屋

北尾根

奥穂高岳

吊尾根

前穂高岳

牧歌的な草原風景が広がる徳沢キャンプ場。前穂高東壁を望む景勝地だ

重太郎新道

2023年11月現在、架け替え工事中

明神岳

奥又白池

道中のトイレは徳沢・横尾の2カ所なので注意

START&GOAL

ひょうたん池

新村橋

徳沢 **3**

★上高地バスターミナル P.37

★梓川左岸道 P.43

★嘉門次小屋 P.42/P.48/P.57

明神池 P.42

★明神橋 P.43

★上高地明神館

2 古池

氷壁の宿 徳澤園 P.48/P.53

みちくさ食堂

徳沢ロッヂ

0　　　　1km

3 徳沢
とくさわ

MAP 付録P.4 B-4

可憐な花咲く草原

昭和初期までは牧場だったが、現在は草原地帯に宿と山荘、キャンプ場がある。春から夏にはニリンソウやエンレイソウが咲く。
☎0263-95-2606(上高地ビジターセンター)
所松本市安曇上高地　開休料散策自由
交上高地バスターミナルから徒歩2時間10分

注目ポイント

本格的な登山の前に体調に合わせて予定を組もう

本谷橋を渡ると一気に登りがきつくなり、足元の不安定なガレ場も増え始め、本格的な登山が始まる。その前に横尾大橋の近くに山荘があるので1泊し、体力を蓄えよう。登山道に自信のない場合は、河童橋へ引き返そう。

横尾大橋
よこおおおはし

MAP 付録P.4 B-3

↻涸沢カールに山小屋の涸沢ヒュッテが建つ

4 涸沢
からさわ

MAP 付録P.4 A-3

秋にはテントの花が咲く

氷河の浸食によって生まれたカールと呼ばれる窪地状の地形が広がる。夏は花畑となり、錦繍の紅葉シーズンはとくに賑わう。
☎0263-95-2606(上高地ビジターセンター)
所松本市安曇上高地　開休料散策自由
交上高地バスターミナルから徒歩6時間20分

↻小さな吊り橋の本谷橋を渡ると、さらに勾配はきつくなり、ゴツゴツとした岩場が続く。ここからさらに標高500mほど登る

※11月中旬〜4月下旬は冬季休業します

神秘に満ちた自然の造形美、上高地の奥座敷へ

山小屋の食事に憩う

上高地の歴史とともに歩んできた宿が供する山での食事。水と山岳、木々の緑が織りなす神秘の池・明神池や、太古からの自然を感じる涸沢など、神域に思いを馳せて過ごす休息を。

自然の聖域に息づく山小屋で憩いのひととき

みちくさ食堂
みちくさしょくどう →P.53

●宿泊データ
1泊2食付
相部屋1万4500円
和室1万8000円～

MAP 付録P.4 B-4

山をこよなく愛する作家・井上靖による山岳小説の名作『氷壁』の舞台となった山宿「徳澤園」。その宿泊棟に併設された槍・穂高連峰への登山基地、奥上高地散策の休息地として多くの旅人を迎え入れている。

☎0263-95-2508
（氷壁の宿 徳澤園）
🏠松本市安曇上高地
⏰7:00～19:00
🈺期間中無休
🚌上高地バスターミナルから徒歩2時間

↑小説『氷壁』に登場する宿。自家製野沢菜を使った野沢菜チャーハン1050円（提供時間11:00～13:00）が大人気

↑客室のインテリアのこだわりにも注目

↑木のぬくもりがやさしく包み込む山小屋の食事処

予約 不可
予算 ⒷⓁ800円～

上高地●歩く・観る

明治創業からの面影を今に。囲炉裏で焼くイワナが名物

嘉門次小屋
かもんじごや →P.42/P.57

●宿泊データ
1泊2食付1万円
素泊まり7000円

予約 不可
（10人以上の団体は要確認）

予算 Ⓛ1000円～

MAP 付録P.5 D-2

明治13年（1880）創業の当時の面影を残す囲炉裏で焼く香ばしいイワナの塩焼きはここでしか味わえない逸品。小屋の前を流れる清流にある生け簀のイワナを一本一本串に刺してていねいに焼き上げる。

↑囲炉裏を囲んで山の食事を

↑岩魚の塩焼き定食1800円。獲れたてで新鮮なイワナを囲炉裏の火でじっくり焼き上げた山小屋ならではの食事ができる

↑岩魚の骨酒2000円はぜひとも味わいたい

穂高連峰を間近に仰ぐ絶景ビューポイント

穂高氷河圏谷 涸沢ヒュッテ
ほたかひょうがけんこくからさわヒュッテ

予約 可
予算 Ⓛ1000円～

MAP 付録P.4 A-3

太古の昔に氷河がつくり上げた涸沢カールのモレーンの上に建つ涸沢ヒュッテ。3000m級4座に囲まれたロケーションから眺める穂高連峰のダイナミックな絶景は感動的。

☎090-9002-2534
🏠松本市安曇上高地
⏰外売店6:00～17:00（時期により異なる）🈺期間中無休 🚌上高地バスターミナルから徒歩6時間

●宿泊データ
1泊2食付1万3000円～
素泊まり9000円～

↑涸沢カールの紅葉は圧巻の迫力。一見の価値あり

↑穂高連峰を仰ぎ見ながらの名物おでんと生ビールは最高

※11月中旬～4月下旬は冬季休業します

上高地の大自然に寄り添い生きる生き物たち

生き物
&植物

多彩な自然環境が形成される上高地には、生態もさまざまな動物や植物が息づいている。

動物や昆虫、鳥類や川魚などの自然生物が多数暮らす

アサギマダラ 生息▶高山地
海を越えて2000km以上を移動したという記録もある、渡りをするチョウ。ときに3000mの稜線まで上ることもある。

ニホンザル 生息▶森林
上高地で最も出会うことの多い動物。コナシやイチイの実を好み、秋には河童橋付近でよく見かける。

ツキノワグマ 生息▶森林
全身が黒く、のどが三日月形に白い。体長1〜1.5m。冬は崖の穴や樹木の洞などで冬眠し、春までに出産をする。

オコジョ 生息▶岩場 森林
体長15〜20cm。小さいが気性は荒く、ノウサギなどを襲うことも。冬は尾の先以外は全身真っ白になる。

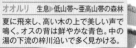

ホンドギツネ 生息▶森林
キタキツネの亜種はよく見かけるが、ホンドギツネは警戒心が強く、人前に出てくるのはまれ。四肢の先が黒い。

コガラ 生息▶低山〜亜高山帯の森林
頭に黒いベレー帽をかぶっているような姿がかわいい。秋になるとミゾソバやイチイの実を食べに集まる。

ゴジュウカラ 生息▶低山〜亜高山帯の森林
スズメとほぼ同じ大きさで、背は灰青色、腹は白。頭を下に向けて幹を下りられるのがこの鳥の最大の特徴。

オオルリ 生息▶低山帯〜亜高山帯の森林
夏に飛来し、高い木の上で美しい声で鳴く。オスの背は鮮やかな青色。中の湯の下流の梓川沿いで多く見かける。

マガモ 生息▶河川
冬鳥として渡ってくるものが多いが、梓川、田代池、大正池などでは生息しており、6〜7月にはヒナが見られる。

イワナ 生息▶河川の最上流部 湖沼
かつて上高地は純系のイワナの生息地として有名だったが、現在は外来種との雑種が多い。体長20〜30cm。

山小屋の食事に憩う 生き物&植物

木々は力強く花々は可憐に春の訪れとともに芽吹く

カラマツソウ

花期▶6～7月 ●丈が高く群生していることが多いため花の時期にはよく目につく。花弁がなく、糸状の雄しべが特徴。

シラカバ

花期▶5月 ●白い樹皮と端正な枝振りが高原のイメージを醸し、人気が高い。焼岳の中腹には噴火の泥流上にできた美しい林がある。

ギンリョウソウ

花期▶6～7月 ●葉緑素を持たない腐生植物。花は1つで全体が白～白銀色をしている。自然研究路の田代池～田代橋でよく見られる。

ソバナ

花期▶7～8月 ●高山植物のヒメシャジンやハクサンシャジンに似た青紫色の鐘形の花。小梨平や梓川左岸などでよく見られる。

コミヤマカタバミ

花期▶5～6月 ●春先に針葉樹林の中などで可憐な白い花を咲かせる。花びらには赤紫色の筋と付け根に黄色い模様が入る。

エゾムラサキ

花期▶5～6月 ●愛らしい花が、日当たりのよい林や川沿いなど、初夏の上高地のあちこちで見られる。花期は長い。

イチイ

花期▶4～5月 ●生長が遅いため年輪が密で腐りにくく、高級材として工芸品などに用いられる。赤い果実はサルなどが好んで食べる。

バイカウツギ

花期▶7月 ●梅に似た白い花をつけることから名付けられた。背丈1～2mほどの落葉低木で、梓川の堤防近くの林の中に育つ。

オオカメノキ

花期▶5～6月 ●木々の芽吹く前の早春、アジサイにも似た白い花を咲かせる。9～10月頃、赤い実をつけ葉は深い赤色に紅葉する。

コナシ（ズミ）

花期▶5月下旬～6月上旬 ●ニリンソウと並び上高地を代表する花。名のとおり小梨平に多く、初夏、真っ白な花が木いっぱいに咲く。

カラマツ

花期▶5月　●帝国ホテルから小梨平にかけ
ては植林されたものだが、それ以外は天然の
巨木が林の中に散在。10月下旬に黄葉する。

エゾノコリンゴ

花期▶5月下旬～6月上旬　●コナシと同じ
バラ科リンゴ属でよく似た白い花が特徴。白
～淡紅色の蕾で、コナシは濃紅色。

ミヤマキケマン

花期▶5～6月　●細いラッパ形の鮮やかな
黄色い花がたくさん咲き、比較的見つけやす
い。明神から徳沢あたりに多い。

ヨツバヒヨドリ

花期▶7～9月　●花の時期が長く、夏にハ
イキングしているとあちこちで見かける。蝶が
よく蜜を吸いにくることでも有名。高さ1m。

サンカヨウ

花期▶5～6月　●青々とした大きな葉の上に
2cmほどの白い花が固まって咲く。春～初夏の
高原を代表する花としてファンが多い。

ケショウヤナギ

花期▶5月　●上高地を代表する植物のひと
つ。河童橋上手に多く、7月になると、あち
こちで白い綿毛に包まれた種子が舞い飛ぶ。

マイヅルソウ

花期▶6～7月　●針葉樹の林の中に群生す
ることが多い、かわいらしい花。葉の形がツ
ルが舞うように見えることから名がついた。

ナナカマド

花期▶6～7月　●秋の紅葉と赤熟した果実
が美しい。特に涸沢付近が有名で、ピーク時
には登山客が列をなすほど賑わう。

ウワミズザクラ

花期▶6月　●梓川沿いの林の中に散在して
おり、ヤマザクラなどに遅れ梅雨どきに咲く。
小さな白い花が8～10cmほどの房状につく。

ニリンソウ

花期▶5～6月　●上高地の春を彩る花がハ
ルニレやヤナギの林に群生。明神より奥に多
く、特に徳沢の大群落は見事。

生き物&植物

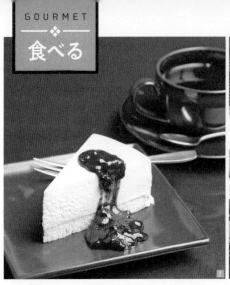

クラシカルな落ち着いた店内で
こだわりの上質スイーツを

スイーツカフェ&バー LOUNGE
スイーツカフェアンドバーラウンジ

河童橋周辺 **MAP** 付録P.6A-1

河童橋の目の前に建つ五千尺ホテル
上高地。その1階ロビーに併設されて
いるティーラウンジ。松本民芸家具を
配した重厚感あふれる落ち着いた店内
でゆっくりくつろげる。

☎0263-95-2111(五千尺ホテル上高地)
🏠松本市安曇上高地
🕐10:00～16:30 🈳期間中無休
🚌上高地バスターミナルから徒歩5分

宿泊データは➡P.61

1.濃厚でなめらかな口あたりのレア・チーズ
ケーキは850円 2.ホテルエントランスに面
してお店がある 3.山小屋をモダン建築で
表した瀟洒な雰囲気の建物 4.店内は存在
感ある松本民芸家具でまとめられている

穂高連峰の眼福とともに ※11月中旬～4月下旬は冬季休業します

澄んだ空気のなかで楽しむ
山岳スイーツ

自然を堪能しながら散策したあとは、ほっとひと息つく
時間が欲しくなる。憩いのおすすめスポットをご紹介。

山々の眺望を楽しみながら
梓川清流沿いでくつろぐ

テラス 香風音
テラスかふーね

大正池～河童橋 **MAP** 付録P.6 B-3

梓川沿いに建つ上高地ルミエスタホテ
ル1階のテラスにあるカフェ。正面に霞
沢岳、六百山を仰ぎ見て、清流と小鳥
のさえずりを聞きながら、自然と親しむ
優雅なティータイムが楽しめる。

1.シャインマスカットのケーキ(左)と焼岳
シュー(右)。ドリンク付き・ケーキセットで
1320円(ケーキの内容は時期により異なる)
2.雄大な眺望との一体感と大自然がつくり
出す「香・風・音」を感じられる空間

☎0263-95-2121
(上高地ルミエスタホテル)
🏠松本市安曇上高地
🕐11:30～13:20(LO)
🈳期間中不定休
🚌上高地バスターミナルから
田代橋経由で徒歩20分/帝国
ホテル前バス停から徒歩10分

宿泊データは➡P.60

特製スイーツと本格英国紅茶で
気品高いティータイムを

レストラン LA BELLE FORET
レストラン ラ ベルフォーレ

河童橋周辺 **MAP** 付録P.6A-1

穂高連峰の絶景を間近で感じられるレ
ストランカフェ。テラス席が新設され、
優雅な時間を過ごすことができる。ジ
ャンボモンブランが名物。

☎0263-95-2131
(上高地ホテル白樺荘)
🏠松本市安曇上高地
🕐9:30～15:00(ランチ
11:00～14:00)
🈳期間中無休
🚌上高地バスターミナ
ルから徒歩5分

宿泊データは➡P.61

1.豊かな自然に囲まれて
いるような雰囲気のレス
トランテラス 2.クリー
ムたっぷりのジャンボモ
ンブラン1850円

開放感あふれるテラス席で
穂高連峰を眺めながらひと息

みちくさ食堂
みちくさしょくどう

徳沢 **MAP** 付録P.4 B-4

☎0263-95-2508
（氷壁の宿 徳澤園）

➡P.48

槍・穂高連峰の登山基地として、奥上
高地散策の休憩地として抜群のロケ
ーションにある。名物のソフトクリーム
をはじめ、女将の気まぐれ手作りプリ
ンなどスイーツも充実している。

1.梓川沿いを歩いて
くとたどり着く自然豊
かな環境 2.名物ソ
フトクリーム500円が
一番人気 3.テラス
席では穂高連峰の眺望
を楽しみながらゆっく
りとくつろげる

オイルランプの温かい灯りに
ゆったりと癒されるひととき

カフェ・ド・コイショ

明神 **MAP** 付録P.5 D-1

☎0263-95-2211
（山のひだや）
🏠松本市安曇上高地明神
池 🕐7:30～14:30(LO)
🈺水・木曜
🚌上高地バスターミナル
から徒歩1時間

オイルランプが灯された落ち着いた空
間で、専属パティシエールが作る日替
わりスイーツをお供に、独自のオリジ
ナルブレンド焙煎ドリップコーヒーの香
りと味わいを楽しめる。

1.店内を灯すランプが旅
の疲れを癒やしてくれる
2.明神池のほとりの山荘
「山のひだや」のカフェ
3.専属パティシエールの
スイーツは絶品

山岳スイーツ

完熟の信州リンゴを使った
アップルパイが自慢

カフェテリア
トワ・サンク

➡P.45

河童橋周辺 **MAP** 付録P.6 A-1

河童橋の風景を楽しめる絶好のロケー
ション。お手軽な軽食やケーキ、おみ
やげが揃っている。なかでも信州産ふ
じりんごを6個丸々使った信州完熟りん
ごのアップルパイが一番人気。

☎0263-95-2221
（ザ・パークロッジ上高地）
🏠松本市安曇上高地
🕐9:00～16:00 🈺期間中無休
🚌上高地バスターミナルから徒歩7分

1.河童橋のたもと、梓川に面してオープン
テラスのある、気軽に立ち寄れる店
2.店内では喫茶・軽食が楽しめるほか、信州
松本名物山賊弁当などテイクアウトメニュー
も揃う
3.人気メニューの信州完熟りんごのアップ
ルパイ580円、コーヒーは490円。アップル
パイとコーヒーのセットで1050円

アルペンの便り
ホテルを模した箱に入れた、アーモンドとココア味のクッキー詰め合わせ。切手を貼って郵送もできる。850円

オリジナルマグカップ
上高地帝国ホテルのロゴが入っている、白磁のマグカップ。1700円

マフラータオル
上高地帝国ホテルオリジナルのマフラータオル。各色1700円

りんごジュース
信州産リンゴ「ふじ」と「紅玉」をブレンドしている。500ml1026円

上高地帝国ホテル
かみこうちていこくホテル
大正池〜河童橋 **MAP** 付録P.6 C-3

名門ホテルの逸品たち
質の高いオリジナルグッズ

クッキー、ジュースをはじめ、マフラータオルなど、ホテルのオリジナルグッズから、上高地の大自然を表したシルクスクリーンの版画まで、数々の商品が揃っている。

☎0263-95-2001　所松本市安曇上高地
時8:00〜20:00　休期間中無休
宿泊データは ➡P.30

菓子や飲み物をはじめ、オリジナルのグッズが多数揃う

※各商品の価格は2023年のものです

自然あふれる上高地で見つける

※11月中旬〜4月下旬は冬季休業します

上高地 ホテルのおみやげ

上高地 ルミエスタホテル
かみこうちルミエスタホテル
大正池〜河童橋 **MAP** 付録P.6 B-3

お弁当や旅行用品も揃って
便利に使えるショップ

ホテルオリジナルの焼き菓子、ジャム、ジュースをはじめ、長野県・上高地ならではのおみやげを揃える。散策や宿泊に必要な日用品なども販売している。

☎0263-95-2121　所松本市安曇上高地
時7:30〜18:00　休期間中無休
宿泊データは ➡P.60

オリジナルクッキー
好みに合わせて詰め合わせも可能。1個150円〜

稜線バタークッキー
売上の一部が上高地に寄付される。24枚入り1800円

クライマーズブック・ウォルター・ウェストン・コインチョコレート
クライマーズブックを模したパッケージにコインチョコが入っている。20個入り1200円

上高地●買う

上高地のおみやげや

かみこうちのおみやげや
河童橋周辺 MAP 付録P.6 A-1

ホテルで提供する味わいを惜しみなく製品化

朝食で出しているジャムや料理長監修のオリジナルソース、パティシエが手作りしている人気のケーキまで、最高品質のものを製品化。五千尺ホテルにしか出せない贅沢な味わいが詰まっている。

☎0263-95-2111(五千尺ホテル上高地)
🏠松本市安曇上高地
🕐8:00～17:00(季節により延長あり)
🚫期間中無休

宿泊データは ➡ P.61

河童橋のたもとの絶景ロケーション

五千尺ホテルオリジナルジャムシリーズ

ホテルの朝食で提供されるロングセラーのジャムは、リピーターも多い。各1000円

信州りんごのパウンドケーキ

信州産ふじりんごをたっぷり入れたパティシエ手作りのパウンドケーキ。1本3000円

上高地スティックケーキ詰め合わせ

手作りならではのしっとりとした食感が人気のスティックケーキ6本入り(リンゴ、栗、クルミ各2本)2200円

安曇野産玉葱タルタルディップ
安曇野産玉ネギのディップソース。プレーン780円(左)、卵850円(右)

豊かな自然環境に恵まれた山岳リゾート・上高地で、休憩所、食事処、売店と、あらゆる観光客に対応できる機能を備え、上高地の発展を担ってきたホテル。おみやげも、ほかでは手に入らない上高地のホテルならではのとっておきばかりが揃う。

上高地アルペンホテル天然醸造醤油
自然そのままの風味を大切にした天然醸造の薄口醤油。360ml680円

上高地アルペンホテルだいだいドレッシング
さっぱりとしたフルーティな味でとってもヘルシー。275ml720円

オリジナルピンバッジ
松本市在住のクラフト作家・山本葵さんが手がけたピンバッジ。2700円～

ウェストンビスケット
上高地の魅力を世界へ伝えたウォルター・ウェストンの胸像が刻印されている。6枚入り670円

上高地アルペンホテル

かみこうちアルペンホテル
大正池～河童橋 MAP 付録P.6 A-2

ホテル料理の味を作る天然調味料と松本の特産品

ホテルで使用している天然の材料にこだわったオリジナルドレッシングや醤油をはじめ、信州の素材を生かした滋味豊かな惣菜など、松本市周辺の特産品、厳選した地酒やワインなどがずらりと並ぶ。

☎0263-95-2231 🏠松本市安曇上高地
🕐7:00～20:00 🚫期間中無休

宿泊データは ➡ P.62

上高地や松本のみやげが揃う。地酒やワインなども種類が豊富

「日本アルプス」を望む麗しき上高地
日本山岳リゾートの幕開け

修験者や猟師しか分け入らなかった上高地を最初に見いだしたのは、明治時代にやって来た西洋人たち。
日本の登山の普及とともに魅力が認知され、今では年間約120万人が訪れる観光地となった。

江戸~明治時代　外国人が娯楽で登山を始めた
山岳信仰の地・上高地

信仰や生活の糧が目的だった上高地での登山
開国後に来日した外国人らが近代登山を始める

　日本では古来、山を聖地とする山岳信仰が根づいており、江戸時代までは山登りといえば信仰のため、あるいは狩猟など生活のために行われた。上高地周辺では、江戸後期の文政11年(1828)に、僧の播隆上人が槍ヶ岳に初登頂し、その後も巡礼登山を行っている。上高地の明神池にある穂高神社奥宮は、神の降り立つ地(神降地)とされており、それが上高地の地名の由来といわれている。

　幕末の開国を経て明治になると、政府の招聘で来日した外国人のなかに娯楽で登山をする者が現れた。明治3年(1870)には英国外交官のアーネスト・サトウが、軽井沢から乗鞍岳を経て上高地、八ヶ岳を走破。明治10年(1877)には、英国人冶金技師ウィリアム・ガウランドが槍ヶ岳を登頂。それらの記録を紀行文に残している。

明治時代　発端は外国人登山家の紀行文
上高地の魅力を世界へ

ウェストンによって国内外に開かれた上高地
日本人も登山を楽しみに訪れるようになる

　英国人宣教師として来日したウォルター・ウェストンは、地元猟師の上條嘉門次を案内人に、明治26年(1893)に前穂高岳などの北アルプスの山々を登っている。上高地や北アルプスに魅了されたウェストンは帰国すると、明治29年(1896)に紀行文『日本アルプスの登山と探検』を発表し、上高地の美しさを海外に広く伝えた。再来日した折には登山家・小島烏水らの日本山岳会発足を後押しし、講演会や著作活動で日本の登山の普及に貢献した。明治38年(1905)には、鵜殿正雄が日本人として初めて、前穂高岳の登頂に成功している。宗教や生活のためでなく、スポーツとして登山を楽しむ日本人がしだいに増えていった。

ガウランド　「日本アルプス」の名付け親

　英国人のウィリアム・ガウランドは、明治5年(1872)に大阪造幣寮の冶金技師として来日し、16年間日本で過ごした。日本の古墳研究で功績を残し、日本で最初に近代登山を行った登山家のひとりでもある。明治14年(1881)発行の『日本旅行案内』の中で、中部山岳地帯を「Japanese Alps」と初めて表現し、日本アルプスの名付け親と呼ばれている。

↑河童橋で撮られたウェストン夫妻と上條嘉門次。ウェストンは丸木橋などの滑りやすい場所では登山靴の上から日本の草鞋(わらじ)を履いていたという(© 大木操、公益社団法人日本山岳会所蔵)

雑炊橋の伝説　橋がなかった時代の恋物語

　梓川にまだ橋がなかった時代、川に隔てられた島々村の男と橋場村の女が恋に落ちた。橋を架けるために二人は贅沢をせず、食事は雑炊だけで我慢をしてお金を貯め、それぞれ松の木を1本ずつ購入。両岸から木を渡し川の中央で重なるようにして行き来ができるようにしたという。(雑炊橋 **MAP** 本書P.3 D-4)

明治～大正時代

地元の猟師が登山ガイドに

上高地の陰の立役者

**上高地世界デビューの陰の功労者は地元猟師
日本人にもその魅力が徐々に広まっていった**

　ウォルター・ウェストンの登山ガイドを務めた上條嘉門次の本業は猟師だ。嘉門次は明治13年（1880）、32歳のときに明神池の近くに猟師小屋を建て、周辺の山々を歩き回ってクマ猟やカモシカ猟をしていた。上高地の山を熟知する嘉門次は、外国人登山者らに請われて山の案内人を務めるようになる。明治から大正にかけ、多くの国内外の登山者を案内し、上高地と近代登山の発展を陰で支えた。

　大正4年（1915）には焼岳が噴火し、梓川をせき止めて大正池を誕生させた。翌年には、皇族の東久邇宮稔彦殿下が槍ヶ岳登山を行った。それに先駆け、島々から徳本峠、明神を経由する登山道や橋が整備されている。通行の便が良くなると、北アルプス登山は徐々に大衆化されていった。

嘉門次小屋 ➡P.42/P.48

かもんじごや
明神 **MAP** 付録P.5D-2

嘉門次が明神池のそばに猟師小屋を建てたのは明治13年（1880）。今も同じ場所に小屋がある。彼の子孫によって代々引き継がれ、現在は山小屋兼食堂を営む。嘉門次の頃と変わらず、囲炉裏で焼くイワナの塩焼きが名物。小屋の前に、嘉門次の石碑が立つ。

△明神池の嘉門次。嘉門次はイワナ釣りの名人でもあった（写真提供：嘉門次小屋）

昭和～平成時代

知名度が高まり整備も進む

山岳リゾートの誕生

**さまざまな書物などで自然美が評判に
山岳リゾートとしての歩みを始める**

　昭和2年（1927）に、芥川龍之介が上高地を題材にした小説『河童』を発表すると、上高地の名が全国で注目を集めた。同年に新聞紙上に発表された「日本八景」の渓谷部門で1位に輝き、上高地の知名度はますます高まった。翌年には国の名勝および天然記念物に指定され、観光客を迎え入れる道路整備や宿泊所の建設も進められた。昭和8年（1933）には上高地に初めてのリゾートホテル、上高地ホテル（現・上高地帝国ホテル）が開業。その2年後に、河童橋までバスでの乗り入れも始まり、山岳リゾートとして発展していった。観光化と同時に、マイカー規制や動植物の保護など、自然環境保護の取り組みも続けられている。

西暦	元号	事項
1828	文政11	僧・播隆上人、槍ヶ岳に初登頂
1877	明治10	英国人ウィリアム・ガウランド、槍ヶ岳に登る
1880	13	嘉門次小屋➡P.42/P.48を建設
1885	18	上高地牧場、放牧開始
1892	25	英国人宣教師ウォルター・ウェストン、槍ヶ岳に登る
1893	26	ウェストン、嘉門次を案内に前穂高岳に登る
1896	29	ウェストンが著書を通じ上高地を世界へ紹介
1898	31	明神池➡P.42が穂高神社の社有地に
1905	38	鵜殿正雄、日本人登山家として前穂高岳に初登頂
1907	40	焼岳、活動開始
1909	42	日高山の植物が採取禁止となる
1910	43	河童橋➡P.37/P.40/P.59初代吊り橋架設
1915	大正 4	現在のバスターミナル周辺にカラマツ植栽開始
1916	5	焼岳大噴火により大正池出現
		山林局上高地一帯を保護林に指定、以後伐採禁止に
		東久邇宮稔彦殿下、槍ヶ岳に登る
1920	9	小林喜作、喜作新道を開通させる
1923	12	ライチョウが国の天然記念物に指定される
1927	昭和 2	芥川龍之介、小説『河童』を発表する
		「日本八景」に上高地が「渓谷の部」で選ばれる
		芥川龍之介、自殺
		秩父宮殿下、奥穂高岳槍ヶ岳縦走登山する
		理学博士・中井猛之進、上高地でケショウヤナギを発見する
1928	3	上高地が国の名勝および天然記念物に指定される
1931	6	国立公園法が公布される
1933	8	上高地ホテル（現在の上高地帝国ホテル➡P.30）が開業する
1934	9	カモシカが天然記念物に指定される。以後狩猟禁止となる
		上高地を含む北アルプスが中部山岳国立公園に指定される
		上高地牧場閉鎖
1935	10	河童橋までバス乗り入れる
1947	22	第1回上高地ウェストン祭➡P.37が行われる
1952	27	上高地が国の特別名勝および特別天然記念物に指定される
1955	30	カモシカとライチョウが国の特別天然記念物に指定される
1965	40	「上高地を美しくする会」発足
1975	50	上高地の梓川での釣りが禁止となる
		県道上高地公園線のマイカー規制始まる
1977	52	上高地帝国ホテル全面改築
1996	平成 8	通年マイカー規制実施
1997	9	安房トンネル開通する
2004	16	観光バス規制開始
2005	17	新釜トンネル開通する

日本山岳リゾートの幕開け

静謐な自然に魅せられた作家たち
作品の舞台になった上高地

河童橋に想を得た芥川龍之介をはじめ、上高地にいち早く足を向けた作家たち。槍ヶ岳や穂高の頂を目指し、上高地の理想郷の世界を作品に描いた。

絵画制作のため来訪
高村光太郎
明治16年〜昭和31年(1883〜1956)

大正2年(1913)の夏の2カ月間、展覧会に出品する油絵制作のため、旅館・清水屋に滞在した。智恵子とも1カ月間を過ごして婚約し、翌年に結婚する。

たかむらこうたろう●彫刻家・高村光雲の子。美術学校で彫刻と洋画を学び、ロダンに傾倒してアメリカやフランスに留学する。帰国後は彫刻や詩の制作を行った。精神を病んだ妻・智恵子との愛を描いた『智恵子抄』や『道程』などの詩集で知られる。

〈神奈川県立近代美術館寄託〉

『上高地風景』
かみこうちふうけい
滞在中に前穂高を描いた油彩画。ほかにも上高地で油彩画を数十点描いたが、空襲で焼けてしまい、現存するのはこの1点のみという。

清水屋 現・上高地ルミエスタホテル ➡P.60
しみずや

MAP 付録P.6 B-3

ウォルター・ウェストンが、上高地に滞在するたびに宿泊。高村光太郎のほか、窪田空穂などの文人たちにも愛された。

(写真提供：徳澤園)

↑ウェストンが外国人登山者のために清水屋に残したクライマーズ・ブック

高村光太郎とウェストン
高村光太郎が清水屋に滞在中、ウェストンも妻を伴い同宿していた。夫人は体調をくずしており、高村が歌人の窪田空穂らと騒いでいると、隣室のウェストンから注意を受けたとのエピソードが残されている。

高校時代に魅了される
北 杜夫
昭和2年〜平成23年(1927〜2011)

戦中〜戦後期に旧制松本高校に学んで以来、幾度も上高地や北アルプスを訪れた。『神々の消えた土地』や『どくとるマンボウ青春記』などの小説に、上高地の美しい風景が描かれている。

きたもりお●エッセイ「どくとるマンボウ」シリーズで知られる作家兼医師。父は歌人の斎藤茂吉。精神科医の傍ら創作活動を始め、『夜と霧の隅で』で芥川賞を受賞。船医の体験をもとに著した『どくとるマンボウ航海記』がベストセラーとなった。

『神々の消えた土地』
かみがみのきえたとち
戦時下の少年と少女の恋愛を描いた物語。デビュー前に信州の山で着想を得て記した創作ノートをもとに、64歳で完成させた。恋人の少女が命を落としたのち、空襲で凄惨な姿となった東京の街を目の当たりにした主人公が、美しい信州の風景を見たいと上高地を訪れる。

槍ヶ岳
坊主岩小屋
中岳
蒲田富士
白出大滝
天狗岩
西穂高岳
西穂独標
きぬがさの池
明神池 ★
嘉門次小屋 ● 明神橋
河童橋
上高地明神館 H
六百山
割谷山
清水屋
(現・上高地ルミエスタホテル)
H 上高地帝国ホテル
新中尾峠
中尾峠
★田代池
白沢
黒沢
焼岳
★大正池
霞沢岳

人間を描く山岳小説家
新田次郎
明治45年～昭和55年(1912～1980)

代表的な山岳小説家として知られ、上高地周辺の山を舞台にした作品も多い。実在の登山家をモデルにした『栄光の岩壁』では、主人公が働く徳澤園の様子が描かれている。

にったじろう●長野県諏訪市出身。気象台勤務の経験を生かし、『孤高の人』『八甲田山死の彷徨』など、山岳小説を数多く著し、登山家にも読者が多い。『強力伝』で直木賞受賞。

|槍ヶ岳開山|
やりがたけかいざん

江戸時代後期に、槍ヶ岳の初登頂に成功した山岳修行者・播隆上人の生涯を題材に描いた小説。贖罪の気持ちから流浪の僧となった人間味あふれるドラマ、前人未到の山を走破する苦難や、万人のために命をかけて登山道を切り拓いた播隆上人の生きざまを克明に描き出す。

↷播隆上人が籠ったという坊主岩小屋から槍ヶ岳を見上げる

槍ヶ岳を開山した播隆上人
ばんりゅうしょうにん

越中(富山県)出身の山岳修行者・播隆上人は、笠ヶ岳山頂から目にした高峰・槍ヶ岳の開山を志す。苦闘の末、文政11年(1828)に頂を征した。その後も4度登り、後人の安全のため、急峻な岩場に鎖を取り付けた。槍ヶ岳中腹にある岩穴の坊主岩小屋(播隆窟)は、播隆上人が籠って念仏を唱えた場所といわれている。

山に挑む歌人
窪田空穂
明治10年～昭和42年(1877～1967)

大正2年(1913)の夏に上高地を訪れ、焼岳や槍ヶ岳を登山。清水屋で高村光太郎やウェストンらと居合わせた。歌集『鳥聲集』『濁れる川』で、北アルプスや上高地が題材の歌を発表。上條嘉門次を詠んだ歌も残している。

くぼたうつぼ●長野県和田村(現松本市)で生まれ育つ。代用教員、雑誌編集者などをしながら詩歌や小説を発表。人生の機微を歌い上げる歌風で知られる。歌集『まひる野』『土を眺めて』など。古典文学研究家でもある。

神さびぬらし
くらすてふ嘉門次の爺や
この池の岩魚とりては

蝶ヶ岳▲

上高地の代表作を描く
井上 靖
明治40年～平成3年(1907～1991)

昭和31年(1956)に前穂高岳に登った井上は、前年に起きた「ナイロンザイル事件」を知り、小説化したという。舞台にもなった徳澤園で執筆した。

いのうえやすし●北海道で生まれ、伊豆湯ヶ島で育つ。新聞記者時代に小説『闘牛』で芥川賞を受賞し、作家生活に入る。物語性の高い『氷壁』などの新聞小説で人気を得た。西域を舞台にした『敦煌』『天平の甍』などの歴史小説も数多く著し、それらも高い評価を得ている。

|氷壁|
ひょうへき

昭和30年(1955)に起きた「ナイロンザイル事件」を題材にした山岳小説。厳冬期の前穂高岳東壁で、ナイロンザイルが切れて若者が墜落死し、同行した友人が真相究明に挑む物語。昭和31～32年(1956～1957)に朝日新聞で連載。のちに単行本化されベストセラーとなり、上高地に登山ブームが訪れる。

▲大滝山

徳澤園
とくさわえん
MAP 付録P.4 B-4

槍ヶ岳・穂高連峰の登山基地で、『氷壁』の舞台の東壁を望む徳澤にある宿。小説のなかでは、徳沢小屋の名で登場している。

アクセスは氷壁の宿 徳澤園 みちくさ食堂(P.48/P.53)

↷井上靖の直筆原稿がある
(写真提供:徳澤園)

徳澤園
(現・氷壁の宿 徳澤園)

徳沢

河童橋 **→P.37/P.40**
かっぱばし
MAP 付録P.6 A-1

明治43年(1910)に初代の吊り橋が架設されたという。水深が深い橋の下は「河童の淵」と呼ばれていたとも。

↷小説『河童』でこの橋も有名になった

作品で上高地を有名に
芥川龍之介
明治25年～昭和2年(1892～1927)

旧制中学時代の明治42年(1909)に仲間と槍ヶ岳を登山し、その後も上高地を訪れた。当時の経験が小説『河童』の風景描写に生かされた。芥川が自殺を図ったのは作品発表の5カ月後だ。

あくたがわりゅうのすけ●東京生まれ。大正5年(1916)に発表した短編小説『鼻』が、夏目漱石に認められて文壇デビュー。新技巧派の代表作家で、『羅生門』『蜘蛛の糸』など多くの短編を著す。「将来に対する唯ぼんやりとした不安」を抱き、36歳で服毒自殺する。

|河童|
かっぱ

ひとりの精神患者が語る不思議な河童の国の物語。男が上高地から梓川上流を遡って穂高岳へ登山をする途中で河童の国に迷い込み、数奇な体験をした物語が綴られる。実在の河童橋からこの小説の着想を与えたとも、この小説が橋の名の由来になったともいわれている。本作発表後、上高地は一躍、知名度を高める。

本峠
中尾沢
岩魚留小屋
南沢
小南沢
ワサビ沢
瀬戸沢

作品の舞台になった上高地

大自然に抱かれたくつろぎの非日常空間
山岳リゾートホテル

昭和8年（1933）にこの地に日本初の本格的山岳リゾートホテル・上高地帝国ホテル（P.30）が開業。以来、登山家だけでなく、山を愛する多くの人々に自然のなかに滞在する心地よさを提供してきた。
※11月中旬〜4月下旬は冬季休業します

全客室から梓川の清流、霞沢岳、六百山など、眼前に広がる雄大な眺望が楽しめる。

1

本格上高地フレンチと
源泉かけ流しの天然温泉

上高地ルミエスタホテル
かみこうちルミエスタホテル

大正池〜河童橋 **MAP** 付録P.6 B-3

閑静な立地にあり、全室梓川に面する客室は大自然が間近に感じられる。伝統的なフランス料理はもちろん、2泊目に供される和テイストのフレンチジャポネには連泊者も大満足。源泉かけ流しの温泉は全室で堪能でき、散策の疲れを癒やしてくれる。

☎0263-95-2121
🏠松本市安曇上高地 🚍上高地バスターミナルから田代橋経由で徒歩20分／帝国ホテル前バス停から徒歩10分 🕑14:00
🕚11:00 🛏23室 🗓要問い合わせ
※改装のため2024年度のオープン時期は、2023年9月現在未定

1.プレミアムシアターツインルームの大窓に広がるパノラマビューは圧巻　2.連泊のときの2泊目は和テイストの料理を用意　3.ロビーも広々としたくつろぎの空間　4.全室にバス・トイレが完備されていて、客室風呂にも温泉が引かれている。写真はプレミアムシアターツインルームの浴室　5.天然温泉の露天風呂付き大浴場　6.旬の食材の持つ力をそのまま生かす上高地でしか味わえないフレンチ

河童橋のたもとに息づくホテル
客室から望む穂高連峰は絶景

上高地ホテル白樺荘

かみこうちホテルしらかばそう

河童橋周辺 **MAP** 付録P.6A-1

梓川のせせらぎが聞こえる河童橋の
たもとにあるホテル。上高地散策の拠
点として絶好のロケーション。部屋の
窓から望む穂高連峰は四季折々にそ
の趣が変わっていく。信州の食材を季
節に合わせた調理法で供する料理も
一品一品手作りでもてなす。

☎0263-95-2131
🏠松本市安曇上高地
🚌上高地バスターミナルから徒歩5分
🕐in15:00 out10:00 🛏55室
💰1泊2食付2万1000円〜

展望テラス付き
デラックスツイン
は雄大な景色
を独り占めでき
る贅沢な空間.

1.穂高連峰に面した開放感あふれるツイン
ルームからは上高地の景観が楽しめる
2.ハンモックを備える客室も
3.信州を代表する食材を厳選して手作りさ
れるフレンチコース料理。和食器の落ち着い
た趣で味わうホテル白樺荘ならではの提案
4.上高地最上のオープンテラスも人気

河童橋と穂高連峰を
一度に見渡せる贅沢なホテル

五千尺ホテル上高地

ごせんじゃくホテルかみこうち

河童橋周辺 **MAP** 付録P.6A-1

大正7年(1918)創業の老舗ホテル。
「お客様にできる限りのおもてなしを」
との強い思いから、提供する食へのこ
だわりがこのホテルの伝統となってい
る。「五千尺キュイジーヌ」をコンセプ
トに上高地ならではの食事が楽しめる。

1.1階のロビーから客室へ向かう廊下はギャ
ラリースペースにもなっている　2.食事を
いただく2階のメインダイニング「GRAND」
3.日本一の山岳リゾート上高地にふさわし
い趣を贅沢に感じられる「上高地スイート」

☎0263-95-2111
🏠松本市安曇上高地
🚌上高地バスターミナルか
ら徒歩5分
🕐in15:00 out11:00
🛏29室
💰1泊2食付2万9700円〜

木のぬくもり、間
接照明のやわらか
な光、家具のひと
つひとつが贅沢な
空間を演出する.

江戸時代から湧き続ける
源泉かけ流しの温泉を堪能

上高地温泉ホテル

かみこうちおんせんホテル

大正池〜河童橋 **MAP** 付録P.6B-3

標高1500mの地に湧く温泉が自慢。
露天風呂の上質な湯に浸かりなが
ら満天の星を楽しめる。信州らしさ
を大切にした創作料理は、旬の素材
をふんだんに使い、一品一品ていね
いに手作りする。

☎0263-95-2311
🏠松本市安曇上高地
🚌上高地バスターミナルから徒歩30分／
帝国ホテル前バス停から徒歩7分
🕐in15:00 out10:00 🛏55室
💰1泊2食付1万9400円〜

1.信州の自然の恵みをじっく
りと味わえる創作料理
2.川側の客室からは梓川と
六百山や霞沢岳の眺望、山側
の客室では木々の息吹を間近
に感じることができる
3.温泉は宿泊客以外の日帰り
入浴の利用も可能

2つある湯殿には
内湯・露天・樽風
呂が完備。それぞ
れ泉質が異なるの
で入り比べもぜひ.

上高地観光の玄関口
大正池のほとりにある唯一の宿

大正池ホテル
たいしょういけホテル

大正池周辺 **MAP** 付録P.7 F-4

上高地の入口となる釜トンネルを抜けるとすぐに現れる大正池。周囲の山々を湖面に映す姿に誰もが目を奪われる。その池のほとりに建ち、大正池が見せる四季折々の美しい風景をいつでも間近に過ごせるホテル。館内はWi-Fiも完備で便利。

☎0263-95-2301
🏠松本市安曇上高地 🚌大正池バス停からすぐ／上高地バスターミナルから徒歩1時間
🕒in 15:00 🕒out 10:00 🛏27室（全室禁煙）
💰1泊2食付1万6500円～

全27室のうち21室が洋室。客室からは時間とともに変化する大正池が間近に眺められる。

1. イワナの塩焼きなど地元の旬の食材をふんだんに使った和食中心の食事が堪能できる
2. 「星降るホテル」という愛称で親しまれ、晴れた日の夜空には満天の星が広がる
3. 湖面に朝もやがたちこめる大正池の風景は上高地の夏の風物詩
4. レイクビューの大正池側の洋室。客室から大正池の美しい風景を楽しめる

美しい自然に抱かれて
安らぎを感じる時間と空間

上高地西糸屋山荘
かみこうちにしいとやさんそう

大正池～河童橋 **MAP** 付録P.6 A-1

館内は木のぬくもりを大切にした温かな空間で山荘の雰囲気がたっぷりと漂う。食事は地元の食材をふんだんに使った滋味あふれる品々。北アルプスの山々の眺望、梓川のせせらぎとともに上高地の自然を存分に堪能できる。

☎0263-95-2206
🏠松本市安曇上高地
🚌上高地バスターミナルから徒歩7分
🕒in 14:00 🕒out 9:30
🛏40室（うち相部屋10室）
💰本館旅館タイプ1泊2食付1万3000円～、別館山小屋タイプ1万1000円～

1. 談話室で家族や気の合う仲間同士での語らいも山の宿ならではの楽しみ
2. 目の前に梓川の清流、背後に穂高連峰を望み、木立に囲まれた閑静なたたずまい
3. ゆっくりとくつろげる和室タイプ

自然に囲まれたくつろぎの客室。大浴場では穂高連峰の雄大な景色を眺められる。

地元食材にこだわった料理と
自然と調和した客室に注目

上高地アルペンホテル
かみこうちアルペンホテル

大正池～河童橋 **MAP** 付録P.6 A-2

自然と調和した重厚感あふれる木造りの建物が印象的な市営ホテル。ロビーは吹き抜けで開放的。その中央には暖炉が配置されている。信州サーモン、信州牛などが堪能できる食事も自慢のひとつ。

☎0263-95-2231
🏠松本市安曇上高地
🚌上高地バスターミナルから徒歩10分
🕒in 14:30 🕒out 9:30
🛏27室（うち相部屋4室）💰1泊2食付1万7050円～（相部屋1万2650円～）

1. 中央に暖炉を配した吹き抜けの開放感あふれるロビー
2. 木立に囲まれた静かなロケーションにたたずんでいる
3. 木のぬくもりを感じさせるやさしい色調が落ち着くツインベッドルーム

木目がやさしい山小屋風の洋室のほかに和室やハイカースベッドの部屋も用意されている。

梓川のほとりに建つ小さな宿
露天風呂付きの和室でくつろぐ

渓流荘 しおり絵
けいりゅうそう しおりえ

さわんど温泉 **MAP** 付録P.5 E-3

きめ細かな心配りが随所に感じられ居心地が実によい。1階には露天風呂が備わっており、カップルやファミリーに好評。2階の4室からは梓川と山の眺望が楽しめる。

☎0263-93-2642
⌂松本市安曇4170-4 ✕上高地バスターミナルからシャトルバスで25分、さわんどバスターミナル下車、徒歩5分 Pあり in15:00 out11:00
室8室(全室禁煙) 料1泊2食付2万4200円~
※2024年2月末(予定)まで改修工事のため休館

1. 1階の客室にある信楽焼の露天風呂。24時間いつでも瀬音を聞きながら湯浴みができる
2. 山々に囲まれ、すぐそばを梓川が流れる
3. 彩りも鮮やかな地元の旬が味わえる
4. 洞窟露天風呂は水中照明で夜間でも安心
5. 全室にマッサージチェアがある
6. 「散策のあとは温泉でゆっくりと疲れを癒やしてほしい」と語る女将の心遣いがうれしい

穂高連峰の絶景が眼前に広がる
大正4年(1915)創業の一軒宿

中の湯温泉旅館
なかのゆおんせんりょかん

中の湯温泉 **MAP** 付録P.3 D-4

ブナの原生林に囲まれた静かな環境にあり、焼岳登山の基地としても便利。源泉かけ流しの内湯、露天風呂のほか、貸切風呂もある。夕食は宿自慢のイワナの塩焼きや鴨鍋、朝食は自家製朴葉味噌、豆腐が楽しめる。

☎0263-95-2407
⌂松本市安曇4467 ✕上高地バスターミナルからシャトルバスで15分(無料送迎は送りのみあり、要予約) Pあり in13:00 out10:00
室43室 料1泊2食付1万3750円~

1. 露天風呂からは雄大な景色が眺められる。湯は単純硫黄泉
2. ここから日本百名山のひとつ、標高2455mの焼岳まで約3時間
3. 客室はすべて和室。掃除が行き届いており気持ちよく滞在できる
4. 料理はすべて手作り。山菜の時季は揚げたての天ぷらが美味

山岳リゾートホテル／沢渡&中の湯へ

600年余の歴史を紡ぐ信州の秘湯

白骨温泉

しらほねおんせん

戦国時代の武士や銀山の従事者などが訪れたといわれる湯治の里。数々の文人歌人に詠まれた四季折々の美景も堪能したい。

↑全国でも希少な炭酸硫黄泉。この大露天風呂目当ての日帰り客も多い

山深い地にたたずむ温泉宿で乳白色のお湯に浸かる

映画化やドラマ化されてきた長編時代小説『大菩薩峠』に登場する、標高1400mの温泉地。空気にふれて乳白色になる温泉は、炭酸成分と硫黄を含む弱酸性で、体を芯から温める。

ACCESS
バス 上高地バスターミナルからアルピコ交通バスでさわんどバスターミナルまで約30分、白骨温泉行きバスに乗り換えて、白骨温泉バス停まで15分、泡の湯バス停まで20分
車 沢渡駐車場地区から6km（上高地バスターミナルから沢渡駐車場地区まではシャトルバスのみ）

泡の湯旅館
あわのゆりょかん

MAP 付録P.5 D-4

名湯がふんだんに注ぎ込む乳白色の混浴大露天風呂

明治45年(1912)創業。70畳にもおよぶ混浴の露天風呂が有名で、女性も安心して入れる工夫が随所に施されている。客室は本館、新館それぞれに趣ある純和風。食事は信州の食材を使った会席料理が味わえる。

↑次の間付きの新館「翠」
☎0263-93-2101
所松本市安曇4181 交泡の湯バス停から徒歩5分 Pあり in15:00
out10:00 室22室 予算1泊2食付1万9800円～（入湯税別）
※冬季休業あり、要問い合わせ

↑信州産食材を使ったせいろ会席

湯元齋藤旅館
ゆもとさいとうりょかん

MAP 付録P.5 D-4

文人歌人にも愛された白骨温泉随一の老舗宿

中里介山の小説『大菩薩峠』ゆかりの宿。山あいに介山荘、牧水荘、昭和館など風格ある館が建ち、歴史を感じさせる。大浴場の伝統的な湯屋建築も見事。夕食には山の幸を中心とした会席料理が味わえる。

☎0263-93-2311
所松本市安曇4195 交白骨温泉バス停から徒歩5分 Pあり
in15:00 out10:00 室51室
予算1泊2食付1万9950円～

↑レトロながらも快適な空間

↑湯治場を再現した野天風呂「鬼が城」。眺望が良く、夜は星空が美しい

山水観 湯川荘
さんすいかん ゆがわそう
MAP 付録P.5 D-4

吊り橋を渡って訪れる渓谷美が自慢の宿

湯川渓谷に架かる吊り橋の先にたたずむ、落ち着ける宿。どの客室からも四季折々の自然が身近に感じられ、非日常のひとときが過ごせる。男女別の内湯と露天のほか、予約不要で使える無料貸切風呂が3つあるのも魅力。

☎0263-93-2226
所松本市安曇4196 交白骨温泉バス停から徒歩5分 Pあり in15:00
out10:00 室10室
予算1泊2食付2万5450円～

↑温泉水を使った乳白色鍋

↑無料の貸切露天風呂。空いていればいつでも使える

安曇野

❖

北アルプスの麓に広がる
どこか懐かしい安曇野の風景は
山がそびえ、野原を川が流れ
数多くの道祖神が見守る集落。
地元で採れる野菜や果物、
信州産の美食に舌鼓。
贅沢に日本の良さを実感しよう。

日本人の心に
浮かぶ
懐かしの風景

旅のきほん

エリアと観光のポイント
安曇野はこんなところです

春の水田が残雪の常念岳を映し、秋には黄金色の稲穂が揺れる。
山麓の田園風景のなかで、美術館や癒やしのスポットを巡るサイクリングへ。

**人気観光スポットを押さえたら
テーマを決めて散策を楽しもう**

　北アルプスの山麓にのどかな田園風景が広がる安曇野。山の雪解け水がもたらす伏流水に恵まれた名水の里としても知られ、美術館や体験施設が豊富なアートの街でもある。

　安曇野の玄関口、穂高駅周辺の中心部には、穂高神社や大王わさび農場などの主要スポットが集まっている。山麓に広がる穂高温泉郷一帯は、林の中に個性派の美術館やカフェが点在するおしゃれなアートスポットとしても人気。北部には、国営アルプスあづみの公園(大町・松川地区)やラ・カスタ ナチュラルヒーリングガーデンなどの自然スポットが点在。南部エリアでは、道端にたたずむ素朴な守り神・道祖神巡りを楽しみたい。公共交通機関が少なく、各見どころが離れているので、移動はレンタサイクルが便利。

安曇野

↑涼しげな清流や湧水風景も安曇野ならでは

観光案内を入手する
●安曇野市観光情報センター
☎0263-82-9363
●安曇野市観光協会
URL www.azumino-e-tabi.net/

定番スポットが揃う
安曇野中心部
あづみののちゅうしんぶ

穂高駅を中心としたエリア。人気観光地の穂高神社や大王わさび農場、駅前には貸し自転車屋もある。

観光のポイント 大王わさび農場 P.68
碌山美術館 P.70

↑豊富なアルプスの雪解け水のおかげで、良質なわさびが育つ

ゆったりとした自然を満喫
安曇野北部
あづみののほくぶ

素朴な田園地帯に、美術館や体験スポットのほか広々とした観光地が点在する自然豊かなエリア。

観光のポイント 安曇野ちひろ美術館 P.72

↑安曇野ちひろ美術館周辺は、緑豊かな公園になっている

湧水や道祖神巡りで過ごす
安曇野南部
あづみののなんぶ

名水百選に選ばれた安曇野わさび田湧水群公園や、点在する道祖神が心を癒やしてくれる。

観光のポイント 常念道祖神 P.24／P.75

↑2本の桜の下にたたずむ常念道祖神。遠くには残雪の北アルプスを望む

北アルプスの麓の温泉
穂高温泉
ほたかおんせん

美肌効果もあるといわれる弱アルカリの泉質の温泉。北アルプスの景色を眺めながらの湯浴みは格別。

観光のポイント 穂高温泉郷 P.88
安曇野ジャンセン美術館 P.73

↑穂高温泉の湯を気軽に満喫できる足湯。安曇野に伝わる八面大王伝説をモチーフにしている

（お役立ち information）

主要エリア間の交通

鉄道・バス

| 扇沢 |
↓路線バスで約35分
| 信濃大町駅 |
↓JR大糸線で約30分
| 穂高駅 |
↑JR大糸線で約30分 　| 浅間温泉 |
　↑路線バスで約25分
| 松本駅・松本バスターミナル |
↑松本電鉄上高地線で約30分
| 新島々駅 |
　↓路線バスで約40分
路線バスで約1時間5分 　| さわんどバスターミナル |
　↓路線バスで約15分
| 上高地バスターミナル | 　| 白骨温泉 |

車

| 扇沢 |
↓県道45・474号経由で18km
| 信濃大町駅 |
↓国道147号経由で20km
| 穂高駅 |
↓県道310号、国道147号経由で8km
| 安曇野IC |
　↓県道284号、国道143号、県道57号経由で11km
| 浅間温泉 |
長野道経由で8km 　↓国道143号、県道67号、やまびこ道路経由で5km
| 松本駅 |
　↓国道158・143号経由で3km
| 松本IC |
↓国道158号経由で33km
| 沢渡駐車場地区 |
↓シャトルバスで約30分 　↓県道300号、国道158号経由で6km
| 上高地バスターミナル | 　| 白骨温泉 |

安曇野の移動手段

のどかな風景を眺めながら、レンタサイクルやシェアサイクルでのんびりサイクリングがおすすめ。穂高駅周辺には複数のレンタサイクル店があり、気軽に利用できる。タクシーなどとうまく組み合わせて利用したい。

↑安曇野シェアサイクル(P.71)

広大な敷地に一面のわさび 癒やしと感動のオアシス

大王わさび農場
だいおうわさびのうじょう

水車小屋 すいしゃごや

黒澤明監督映画『夢』に登場する水車。ロケセットでありながら周囲にとけ込み、まさに夢のような情景をつくり出している。

安曇野の絶景も味わえる わさびづくしのテーマパーク

大正6年（1917）に開拓された世界最大のわさび農場。敷地面積は約15haあり、1日12万tの湧き水を利用して栽培され、農場では散策やグルメが楽しめる。北アルプスの雪解け水が伏流水となって湧き出る安曇野。冷たい清水が流れる土地だからこそかなう、わさびの風景に圧倒される。

安曇野中心部
MAP 付録P.11 D-4
☎0263-82-2118
所安曇野市穂高3640
開8:00～17:00
12～2月9:00～16:00
休無休
料無料 交JR穂高駅から車で10分
Pあり

→すりおろした本わさびをつけて食べる大王プレミアム本わさびソフトクリーム550円

注目ポイント

ライフジャケットを着て川遊び

安曇野わさび田湧水群の川をゴムボートに乗って、上りはパドルを使って漕ぎ、下りは流れにまかせて水草や魚、水車などを眺める。マイナスイオンをたっぷり浴びながら、安曇野特有の自然を体感できる。

→ボートに乗って美しい水辺の緑を満喫できる

クリアボート

安曇野中心部 **MAP** 付録P.11 D-4
☎0263-87-9828（安曇野气船）
営4月下旬～10月 10:00～14:00
※予約不可 休期間中無休、雨天強風時は中止 料1200円（乗船約20分） ※対象3歳～、大王わさび農場駐車場横で受付

わさび田 わさびだ

長野県のわさび生産量の
うち9割が安曇野産。南
北1km約30万株のわさび
田は日本一の広さ。

百年記念館
ひゃくねんきねんかん

MAP 付録P.11 D-4

「水とともに生きる」
わさび園の歩みと感謝

農場の歴史とわさびの豆知識を
紹介する資料館として、農場開
設100年を記念してオープン。パ
ネルやわさびの標本などを展示し
てわかりやすく解説。安曇野の
風土(自然)からの恩恵と、共存
のために私たちがなすべきことな
どを示唆している。

☎0263-82-2118(大王わさび農場)
⏰8:00～17:00 12～2月9:00～16:00
休無休

↑外壁面に球面の「わさび田湧水の滝」
が設けられている

大王神社
だいおうじんじゃ

農園の守り神八面大王を祀
った神社。大王の大わらじ
が奉納されている。

わさびのオブジェ

農場に入ってすぐに目につく
巨大わさびのオブジェ。記念
撮影におすすめ。

幸いの架け橋
さいわいのかけはし

カップルで渡ると幸せになれ
るといわれる橋からのわさび
田の眺めも最高。

グルメ スポット

充実した飲食施設に注目

農場には入場無料で休憩スペースも点在する。モーニングが楽しめるカフェや
わさびを使った料理が味わえる食事処をご案内。

DAIO's CAFE
ダイオウズ カフェ

14時間かけて湧水で水出ししたコーヒ
ーやこだわりの生ジュース、軽食を農場
開店と同じ朝8時から楽しめる。

MAP 付録P.11 D-4

☎0263-82-2118(大王わさび農場)
⏰8:00～17:00 休無休

↑広い屋外オープンデッキでコーヒータイム

レストラン オアシス

わさびとよく合う肉料理と信州産の新鮮
野菜が自慢のレストラン。テラスの一部
はペットの同伴ができるのもうれしい。

MAP 付録P.11 D-4

☎0263-82-2118(大王わさび農場)
⏰11:00～15:00(LO14:30) 休無休

↑わさび田を渡る風が心地よいオープンテラス

湧水飯釜 大王庵
ゆうすいめしがまだいおうあん

日本の名水にも選定された湧水で炊い
たご飯の味が際立つわさびとおかず、
こだわりの味噌汁のレストラン。

MAP 付録P.11 D-4

☎0263-82-2118(大王わさび農場)
⏰11:00～15:00(LO14:30) 休無休

↑採れたてわさびを使った本わさび飯1300円

1 碌山美術館

ろくざんびじゅつかん

碌山最後の作品『女』に会う

日本の近代彫刻の扉を開いたといわれる荻原守衛(碌山)や、ゆかりの芸術家・高村光太郎、戸張孤雁などの生命感あふれる作品を、碌山郷里の地に展示。

安曇野中心部 **MAP** 付録P.10 B-3

☎0263-82-2094
所安曇野市穂高5095-1 　時9:00〜17:10
(11〜2月は〜16:10)　休無休(11〜4月は月曜、祝日の翌日)　料900円
交JR穂高駅から徒歩7分 　Pあり

↑季節ごとの美しい庭も楽しみのひとつ。屋外の作品も鑑賞できる

↑国の有形文化財・碌山館

↑間近に作品を見ることができるので、ゆっくり時間をかけてまわりたい

素晴らしい自然と魂にふれる里

のどかな美景
緑と水の街さんぽ

澄んだ空気がゆったり流れ、景色を包む。
清い水のせせらぎの音、木々の緑。
歴史や人とふれあえば、
いっそう魅力も増す。

2 穂髙神社

ほたかじんじゃ

平安初期から国史に登場

安曇野を拓いた海の民・安曇族の祖神を祭神とする古社。毎年9月27日に行われる御船祭は、船形の山車5台が街を練り歩き、境内で2台がぶつかり合う神事。

安曇野中心部 **MAP** 付録P.13 E-2

☎0263-82-2003
所安曇野市穂高6079
時休料参拝自由(社務所8:30〜17:00)
交JR穂高駅から徒歩3分 　Pあり

↑広い境内は、拝殿の前に神楽殿、右手に若宮社

↑男女の神様が寄り添うお守り・道祖神守800円

↑檜の大樹に囲まれた境内。屋根付きの正面鳥居

↑本殿前に立つ樹齢500年以上の「孝養杉」も必見

●安曇野高橋節郎記念美術館

かじかの里公園

P.77
杜江の水★
碌山美術館 1　総合体育館
穂高東中⊗　常盤町
穂高公園　穂高川
P.71/P.75　あづみ野コンサートホール
レンタサイクル
ひつじ屋★
穂高病院　3 吉祥山 東光寺
P.75祝言の像★　★握手と二十三夜 P.75
穂高駅　★畑の5体道祖神 P.74
START
穂高駅前
道祖神★　2 穂髙神社
P.75　妙法寺卍
★餅つき道祖神P.74
穂高商業高
卍宗徳寺
SC穂高ショッピングパーク
穂高交流学習センター
みらい
Sヤマダ電機
Sラ・ムー
Sしまむら
GOAL
ユニクロS
柏矢町駅

P.75
★水色の時道祖神

P.68 クリアボート ★

P.68
大王わさび農場 ★

★せせらぎの小径
P.77

P.77
安曇野わさび田
湧水群公園 ★

あづみ野ランド
大王橋
御法田
万水川
安曇野の里の湧水 [4]
田淵行男記念館

↑山門の仁王様の下駄は大小3つ。願いを込めて履くと成就するとされる

[3] 吉祥山 東光寺
きちじょうざん とうこうじ

願いを込めて赤い下駄を履く

信川川西観音第8番札所で信州七福神の大黒天の札所として知られる曹洞宗の禅寺。山門の前に置かれた「吉祥仁王様の下駄」と呼ばれる大きな赤い下駄が目を引く。戒壇めぐりもぜひ。

↑本堂の裏に戒壇めぐりの入口がある

安曇野中部 MAP 付録P.10 C-4
☎0263-82-2056
所 安曇野市穂高2721
料 休 料 参拝自由
（戒壇めぐりは100円）
交 JR穂高駅から徒歩15分
P あり

↑日本百水安曇野の洗心の水

[4] 安曇野の里の湧水
あづみののさとのゆうすい

名水百選に認定された湧き水

北アルプスの雪解け水が地下水となって湧き出したもので、水質は折り紙付き。プラザ安曇野前に立つ石柱から流れる水温15℃以下の冷たい水は、24時間自由に飲んだり、汲んだりできる。

安曇野中部 MAP 付録P.9 D-4
☎0263-72-8568（ビレッジ安曇野）
所 安曇野市豊科南穂高5089-1
開 休 料 見学自由
交 JR穂高駅から車で10分
P あり

持参の容器に汲む人もいるため行列かできることも。飲む人優先

移動時間 ◆ 約1時間25分〜

散策ルート

JR穂高駅
ジェイアールほたかえき

⬇ 徒歩7分

1 碌山美術館
ろくざんびじゅつかん

⬇ 徒歩10分

2 穂高神社
ほたかじんじゃ

⬇ 徒歩13分

3 吉祥山 東光寺
きちじょうざん とうこうじ

⬇ 徒歩35分

4 安曇野の里の湧水
あづみののさとのゆうすい

⬇ 徒歩20分

JR柏矢町駅
ジェイアールはくやちょうえき

(お役立ち information)

安曇野を楽しむには自転車がおすすめ。JR穂高駅前でレンタサイクルを借りたり、安曇野市内に20カ所近くあるボートでは、シェアサイクルも利用できる。

シェアサイクルを利用する

●安曇野シェアサイクル
専用アプリをダウンロードすると、その場で借りて使用できる。ポート設置場所ならどこで返しても OK。料金は15分あたり100円、12時間で1500円。すべて電動アシスト付き自転車なので、坂道も安心。安曇野市観光情報センターでは e-Bikeも貸し出している。
☎0263-82-9363
（安曇野市観光情報センター）

レンタサイクルを利用する

●レンタサイクル ひつじ屋（P.75）
穂高駅前の目の前にあり、自転車60台がスタンバイ、1時間300円〜。ひと休みに自家製のジンジャーエール530円も人気。

安曇野中部 MAP 付録P.13 D-2
☎0263-82-3888 所 安曇野市穂高5951-1
営 8:30〜18:00 冬季10:00〜17:00
休 水・木曜（GWとお盆は無休）
料 1時間300円〜、電動自転車1日2000円
交 JR穂高駅から徒歩1分 P あり

↑カフェ、ギャラリー、おみやげショップなど多彩に営業

安曇野の心温まる美を探しに
アートスポットを巡る

ジャンル、年代、国籍の違う個性的なアート作品が、一堂に集まる地。
周辺の自然美も美術館巡りの楽しみ。

↑ちひろの絵本の原画、初期の童画などを展示し、全仕事を紹介

↑晴れた日はカフェテラスへ

↑トットちゃん広場も必見

安曇野ちひろ美術館
あずみのちひろびじゅつかん

絵画をゆっくり鑑賞し広い公園で体を伸ばす

絵本画家・いわさきちひろの作品や、世界の絵本画家の作品を展示する美術館。館内には約3000冊が閲覧できる絵本の部屋や絵本カフェなどもある。また隣接する安曇野ちひろ公園には『窓ぎわのトットちゃん』の電車の教室が再現されたトットちゃん広場もある。

安曇野北部 MAP 付録P.8 B-2

☎0261-62-0772 住松川村西原3358-24 営9:00〜17:00(GW・お盆は〜18:00) 休水曜(祝日の場合は翌平日、展示替えによる臨時休館あり、冬季休館12月〜2月末) 料900円 交JR穂高駅から大糸線で14分、信濃松川駅下車、徒歩30分または車で5分 Pあり

↑大花壇や北アルプスが望めるガラス張り空間は多目的ギャラリー(撮影:中川敦玲)

↑『あかまんまとうげ』(童心社)から、いわさきちひろ『わらびを持つ少女』(1972年)

絵本美術館 森のおうち
えほんびじゅつかん もりのおうち

絵本の世界に浸ったあとはカフェでくつろぐ

「児童文化の世界を通じて、人々を繋ぐ」がコンセプト。宮沢賢治やいせひでこの作品を中心に国内外の絵本原画を、年間5〜6回企画を替えて展示している。館内には所蔵約8000冊の図書室のほかカフェやショップも。

穂高温泉周辺 MAP 付録P.12 B-2

☎0263-83-5670 住安曇野市穂高有明2215-9 営9:30〜17:00(1・2月は〜16:30、入館は30分前まで)、カフェ9:30〜15:30(ランチ11:30〜14:00)※不定期営業のため要確認 休木曜(GW・お盆は開館、2月は水・木曜)※最新情報はHP参照 料800円 交JR穂高駅から車で10分 Pあり

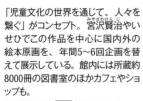

↑手作りのハンプティダンプティは、開館当初からこでお出迎え。童話の世界さながらで、2階の展示室へと誘ってくれる

↑高い天井のゆったりと落ち着いた展示室では、絵本原画や本をゆっくり鑑賞できる

↑「Caféボラーノ」では手作りケーキやランチが楽しめる(上)。絵本や手作り雑貨、クラフトの販売も(下)

安曇野 ● 歩く・観る

北アルプス展望美術館（池田町立美術館）

きたアルプスてんぼうびじゅつかん
（いけだちょうりつびじゅつかん）

**息をのむほど美しい景観と
ゆかりの作品に出会う**

北アルプス連峰と安曇野の広大なパノラマを一望できる丘の上に建つ。この地に魅せられ、この地を愛した画家・山下大五郎、奥田郁太郎、小島孝子、陶芸家・篠田義一らの収蔵作品を入れ替え常設展示。

安曇野中心部
MAP 付録P.8 C-2
☎0261-62-6600
㊑池田町会染7782
⏰9:00〜17:00
（入館は〜16:30）
㊡月曜（祝日の場合は翌日）、展示替え期間、12月11日〜2月末　㊎400円（企画展は別途）　㊍JR穂高駅から大糸線で5分、安曇追分駅下車、車で6分　㋿あり

↑美術館の建つクラフトパーク公園内から北アルプスを一望

↑安曇野を描いた作品を中心に展示している安曇野原風景館

↑山下大五郎『有明への道』（1985年）

TRIAD IIDA-KAN

トライアド・イイダ・カン

いいだ よしくに
**彫刻家・飯田善國の
独創的な作品を見る**

株式会社ハーモニック・ドライブ・システムズの工場敷地内に建設され、戦後を代表する彫刻家の作品を常設する。飯田の美術家としての原点ともなった1950年代の絵画と昭和58年（1983）の彫刻を中心に展示している。

安曇野南部　MAP 付録P.8 B-4
☎0263-83-6800　㊑安曇野市穂高牧1856-1　⏰10:00〜16:00　㊡無休　㊎無料　㊍JR穂高駅から車で15分　㋿あり

↑建築家の槇文彦氏による建築。平成14年（2002）に開館した

↑自然光が差し込む明るい展示室にある『SCREEN-CANYON』（1983年）

安曇野ジャンセン美術館

あづみのジャンセンびじゅつかん

**2つの国家勲章を受けた
ジャンセンの世界初の美術館**

ジャン・ジャンセンの作品700点余りを収蔵し、500号の油彩を中心に常設50〜80点を展示。随時、ミレー、コロー、ルオー、ピカソ、シャガール、ビュッフェ、ミロ、ユトリロ、ヴラマンク、ローランサン、ミュシャの作品のほか、ブロンズ彫刻なども展示している。

穂高温泉　MAP 付録P.12 C-3
☎0263-83-6584
㊑安曇野市穂高有明4018-6
⏰9:00〜17:00（最終入館16:30）
㊡無休（展示替えなどによる休館あり、HPで要確認）　㊎1100円
㊍JR穂高駅から車で5分　㋿あり

↑パブロ・ピカソ
『ドラ・マールの肖像』

↑ジョルジュ・ルオー
『十字架上のキリスト』

↑ジャン・ジャンセン『オペラ座の大舞台』（200cm×500cm）

美術館が密集した「美術の里」

安曇野アートラインマップ

**作品、体験、自然の風景も
多彩な16のミュージアム**

北アルプス連峰の麓に広がる安曇野市から白馬村までの南北約50kmの地域を"安曇野"として、安曇野市、池田町、松川村、大町市、白馬村に点在する美術館・博物館・公園16館を結び「安曇野アートライン」として紹介。施設を取り巻く風景そのものをアートとして巡る楽しみがある。

安曇野アートライン
あづみのアートライン
☎0261-22-0420
（安曇野アートライン推進協議会事務局
大町市教育委員会生涯学習課）
URL azumino-artline.net

↑安曇野市〜白馬村を結ぶ道は約50km。目的に沿ったアートプランを立ててみよう

畑の5体道祖神
はたけのごたいどうそじん

本陣等々力家の南、農道脇の民家の畑に願いをかけた5体が石垣の上に祀られる。私有地なので道で合掌。
安曇野中心部 MAP 付録P.10 C-4

↑握手（1831年）、福を授ける神の大黒天などが畑の中に朝日を浴びて並ぶ

餅つき道祖神
もちつきどうそじん

↑比較的新しく（1994年）、餅つき（子宝）だと一目でわかる。穂高神社境内に安置

穂高神社参道脇に祀られる。境内にはほかに数体の像もあるので願いの像を探そう。
安曇野中心部 MAP 付録P.13 E-2

ぶらり安曇野散策に出かけませんか
道祖神に逢いに
どうそじん

道祖神は守り神。もともと悪霊や疫病が集落に入り込まないように、願いをかけた神を辻や村の境に祀ったのが始まり。

道祖神への願いもいろいろ
出会えば幸せな気分に

　五穀豊穣、子孫繁栄、縁結びなど村の存続への祈りや、悪霊から村を守る、旅の安全などの願いから信仰された路傍の神。その名も中国古代の道の神思想や、天孫の道案内「猿田彦神話」に由来するとされる。神代の文字碑や、願いを形にして彫った石像など、全国にある数千基のうち、600体以上が安曇野にあるという。

地図内表記：
R 上條 P.82
スープカレー ハンジロー R P.85
常磐橋
常盤町
P.70 碌山美術館★
P.77 杜江の水★
穂高公園
穂高川
あづみ野 コンサートホール
早春賦歌碑 P.74 ★
N
0　300
★レンタサイクル ひつじ屋 P.71/P.75
穂高病院
水色の時道祖神
青面金剛像
祝言の像
卍吉祥山 東光寺 P.71
穂高駅
3体彩色道祖神
握手と二十三夜塔
穂高駅前道祖神
餅つき道祖神
畑の5体道祖神
御法田
常念道祖神
卍妙法寺
穂高神社 P.70
P.77せせらぎの小径★
大糸線
等々力橋
乃木川
穂高商業高
147
SC 穂高ショッピングパーク
穂高交流 学習センターみらい
↑道祖神のやさしげな表情に心が癒やされる（水色の時道祖神）

早春賦歌碑
そうしゅんふかひ

↑大正初期、作詞家・吉丸一昌が作った唱歌『早春賦』。歌碑は穂高川の土手に立つ

安曇野中心部
MAP 付録P.10 C-3

3体彩色道祖神
さんたいさいしょくどうそじん

穂高駅東、住宅街の細い道を進むと地元の子どもたちが彩色した3体に出会える。

安曇野中心部 **MAP** 付録P.10A-4
↑大黒天、握手(1858年)など

道祖神巡りにも便利なレンタサイクル

レンタサイクル ひつじ屋 → P.71
レンタサイクル ひつじや

安曇野中心部 **MAP** 付録P.13 D-2

道祖神が待っている
出会いの旅は自転車で

穂高駅前で観光資料を入手したら、コースを決めてレンタサイクルを利用すると便利。移動時間の短縮はもちろん、見落としも少なく、多くの道祖神に出会える。ひつじ屋は駐車や荷物預かりも無料、便利なマップも用意してあり旅のコンシェルジュのよう。

↑身支度を整えていざ出発

祝言の像
しゅうげんのぞう

国道147号東、東光寺への道に面して立つ像。盃と徳利を持ち結婚式を表す。

安曇野中心部 **MAP** 付録P.10 C-4 ↑子孫繁栄を願う像のひとつ

↑東光寺門前に並び立つ

握手と二十三夜塔
あくしゅとにじゅうさんやとう

門前右手に4体が並び、握手(1819年)は夫婦円満、二十三夜塔は月の出を待つ行事にまつわる塔。

安曇野中心部 **MAP** 付録P.10 C-4

青面金剛像
しょうめんこんごうぞう

庚申の日は人の体に棲む三戸(悪い虫)が睡眠中に体から抜け出し、その人の悪事を天帝に報告するという。青面金剛は庚申信仰の本尊で三戸を押さえる神。

安曇野中心部
MAP 付録P.13F-2

↑細い路地奥、青く彩色した青面金剛像(1731年)と、二十三夜塔が屋根下に並び立つ

穂高駅前道祖神
ほたかえきまえどうそじん

男女の二神が穏やかな表情で並び立ち手を握りあう。道祖神の多くはそれぞれ独自のお祭りがあり、地域の人々によって執り行われている。

安曇野中心部 **MAP** 付録P.13 D-2

↑穂高駅ロータリー北側、駅のシンボルでもある握手像(1985年)。みんな仲良しの意も込められており、ほほえましい

常念道祖神 → P.24
じょうねんどうそじん

2本の桜の下から常念岳の頂を望める。旅人が道中の安全を祈ったといわれ山の名を冠に。

安曇野南部 **MAP** 付録P.8 C-4

↑毎年多くのカメラマンが堀金烏川(ほりがねからすがわ)を訪れ、このアングルで撮影する(撮影:中沢義直)

↑わさび田湧き水コース近く、サイクリングや散策途中に立ち寄りたい

水色の時道祖神
みずいろのときどうそじん

昭和50年(1975)に放映されたドラマの撮影時に作られた道祖神。大小の双体道祖神が安曇野の風景に溶け込む。

安曇野中心部 **MAP** 付録P.11 D-4

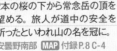

道祖神に逢いに

75

澄んだ空気と清冽な水、広い田園で
五感を喜ばせる安曇野の体験

北アルプスの麓、豊かな自然に育まれた安曇野は芸術家をも育んだ地。
アートな暮らしや文化も自然環境を通し生まれる。

熱気球係留飛行体験
熱気球で空のプチ旅行
安曇平や樹海を眺めよう!

安曇野気船
アルクマ熱気球
あずみのきせん アルクマねつききゅう

安曇野北部 MAP 付録P.8 B-1

長野県の人気キャラクターの熱気球に乗って北アルプス山麓の樹海上空に浮かぶ体験を。素晴らしい景色を眺め、忘れられない思い出をつくりたい。参加者には国営アルプスあづみの公園入園確認券とオリジナル缶バッジが配布される。

→早朝の空で日常生活では味わえない浮遊感を楽しめる

☎0263-87-9828(安曇野気船) 🅟大町市常盤7791-4 国営アルプスあづみの公園(大町・松川地区) 🕐GW、夏休み期間、シルバーウィーク(予定) 7:30〜8:20(予約不可・受付後順番に搭乗) 🈂雨天・強風時 💴2200円(所要約5分) 🚋JR信濃大町駅から車で15分 🅿あり

→熱気球はロープで固定され、約30mの高さまで上昇する。扉付きバスケットで家族みんなで気軽に搭乗できる(対象3歳〜)

香りの手作り体験
アロマの香りに包まれながら
優雅なひとときを過ごす

ラ・カスタ
ナチュラル ヒーリング ガーデン

安曇野北部 MAP 付録P.8 C-1

大町市に位置する日本のヘアケアブランド「ラ・カスタ」の施設。テーマの異なる10のガーデンでの散策や、香りにまつわる体験などを通じて、ブランドテーマ「植物の生命力と癒し」を体感できる。

☎0261-23-3911 🅟大町市常盤9729-2 🕐10:00〜17:00(10・11月は〜16:00) 🈂水曜(祝日の場合は翌日)、11月中旬〜4月中旬 💴入園1100円(予約制)、調香体験1320円(予約制) 🚋JR穂高駅から大糸線で17分、安曇沓掛駅下車、徒歩5分 🅿あり

↑園内施設「アロマバー」では、香りをブレンドし、アイテム作りができる「調香体験」を毎日開催している(事前予約制、1320円)

→季節の花々を眺めながら、地元ならではのドリンクが味わえる「シーズンテラス」

→2023年に新設された「ラ・カスタ 北アルプス本店」では、カウンセリングやヘアケアアイテムの提案を行う

名水が湧く街を知る

北アルプスの雪解け水は、伏流水となって湧き出す。安曇野エリアを歩けば、
いくつもの清らかな川の流れ、湧き水、そして恩恵を受けた広い田園が日本の原風景を感じさせる。

安曇野わさび田湧水群公園

あづみのわさびだゆうすいぐんこうえん
安曇野中心部 MAP 付録P.8 C-4

名水百選に選ばれた水の郷。
安曇野を感じてひと休みを

湧水群は、北アルプスの雪解け水が山麓一帯に浸透し、伏流水となって湧き出たもの。真夏でも水温が15℃を超えることのない安曇野の湧水は1日70万tも湧き出し、わさびやニジマスを育てている。

☎0263-82-9363（安曇野市観光情報センター）
所安曇野市豊科南穂高4981-4
開休料散策自由 交JR穂高駅から大糸線で3分、柏矢町駅下車、徒歩20分 Pあり

↑湧き水と澄んだ空気ですがすがしく、休息に訪れる人も多い。水辺には鴨の姿も

↑県民豊科運動公園の隣に広がる憩いの池。敷地の大半は池だが、橋が架かり、散策にも良い

せせらぎの小径

せせらぎのこみち
安曇野中心部 MAP 付録P.11 D-4

澄んだ清流の音と小鳥の声
広がる風景に心癒やされる

大王わさび農場の西、「安曇野の里」から等々力橋へと続く万水川河畔の土手を「せせらぎの小径」という。木々の緑、清らかな水の流れ、田園と北アルプスの大パノラマ、と一瞬で安曇野に心奪われる散歩道。

☎0263-82-9363（安曇野市観光情報センター）
所安曇野市豊科南穂高4985 穂高等々力橋～安曇野の里 開休料散策自由 交JR穂高駅から大糸線で3分、柏矢町駅下車、徒歩20分
P安曇野市営県民豊科運動広場駐車場利用
↑万水川沿いの整備された小路、白金橋あたりから川の西に広がる安曇野の田園風景と北アルプスを一望

安曇野の清流を探して

碌山美術館（P.70）には来館者の喉を潤す名水もある。

杜江の水 もりえのみず

安曇野中心部 MAP 付録P.10 B-3
☎0263-82-2094（碌山美術館）

↑碌山美術館碌山館横。地下水を汲み上げており、入館者は自由に飲める。碌山が書簡に記した筆名・杜江からの命名

食べる

料理や食器は季節により替わる。写真は正月の料理「祝い肴三種」

おすすめメニュー

茶懐石料理 1万5000円〜（税別）

自家野菜と手造り味噌・醤油で茶の湯の心のおもてなしを

懐石料理

昇月
しょうげつ

穂高温泉周辺 **MAP** 付録P.12 B-1

老舗料亭などで修業後、店を構え約30年。北アルプスの清流と自家製堆肥で育てた野菜と無農薬の米、店主自ら山で採った山菜やきのこを使い、自然を器に盛り込んだ本格的な和食を供している。

☎0263-83-5405
㊟安曇野市穂高有明8884-9 ㉗12:00〜14:00 18:00〜21:00（昼・夜とも完全予約制）
㊡不定休 ㉒JR穂高駅から車で15分 Ⓟあり

↑侘びたくぐり門に「昇月」の表札。露地を進むと数寄屋造りの建物が

| 予約 | 要（完全予約制） |
| 予算 | Ⓛ Ⓓ 1万5000円〜（税別） |

滋味あふれる食材の宝庫・安曇野

信州の旬が凝縮 緑色の風のなかで

大自然の恩恵を受けた名水や豊かな農産物が育つ安曇野には、優れた腕を持つ料理人たちが店を構えている。厳選したお店をご紹介。

安曇野でガストロノミーを身近に感性あふれるシェフのコース料理

フランス料理

レストラン マサヒロ・ニシムラ

穂高温泉 **MAP** 付録P.12 B-3

フランス産、信州産をはじめ厳選した旬の素材の料理でもてなす。時季それぞれに山菜や天然キノコなども提供。見た目、食感とも、食べ進むほどに新たな驚きがある。

☎0263-81-5275
㊟安曇野市穂高有明3499-18
㉗12:00〜、18:00〜（ランチ、ディナーともに前日までに要予約）㊡木曜（祝日の場合は営業）
㉒JR穂高駅から車で10分 Ⓟあり

| 予約 | 要（前日まで） |
| 予算 | Ⓛ Ⓓ 7800円〜 |

おすすめメニュー

昼、夜のフルコース料理 7800円〜
※前日までに要予約

↑オードブルの「はちのす（胃袋）、トンタン、豚足のシガー仕立て」（奥）、デザートの「マンゴーのシブースト」（手前）

↑ワインやミネラルウォーターも豊富に揃えている。670円〜

↑外光の差し込む大きな窓

↑メタリックと焦げ茶のシンプルな外観にオレンジ色のドアが目印

地元野菜の美しいフレンチを
お座敷で箸を使って気軽に

フランス料理

ニジノカオリ

おすすめメニュー
ランチコース 2500円
プチフルコース 3600円
ディナー 3600円～

予約 可
予算 Ⓛ2500円～
Ⓓ3600円～

穂高温泉 **MAP** 付録P.12 C-4

安曇野産の野菜を中心に、種類豊富な
20種余りが、スープ、前菜、メイン、デ
ザートに使われ、目と舌を楽しませる。
メニューは基本的にシーズンごとに変わ
るが、カボチャ、サツマイモ、ビーツな
どのスープ、前菜やメインの付け合わせ
など、季節感があふれる野菜に彩られる。

☎0263-83-2830
所安曇野市穂高有明8138-5 営11:30～13:30
18:00～20:00(LO) 休月曜のディナー、火曜
交JR穂高駅から車で10分 Pあり

⬆木立に囲まれた広々とした敷地に
建ち、のびやかな気分が味わえる
⬅掘りごたつ式座敷で
ゆっくり食事を楽しむ

⬆コースの一例。フレンチによく合う日本酒(写真は「長野の夜明
け前」750円)も揃う。1合650円～

⬆プチコースは日替わりで、この日はサツマイモのスー
プ、メインにハーブでマリネした若鶏のソテー粒マス
タードソース。たっぷりの野菜サラダ、パンが付く

おすすめメニュー
サンドイッチプレート 1500円
プチコース 2000円

予約 可
予算
Ⓛ1250円～

⬆ラウンド型のゆったりした店内からは、広々と
した敷地の芝生の向こうに北アルプスが見える

北アルプスと田園の広がりを眺め
カジュアルなフレンチを楽しむ

フランス料理

L'ATELIER DES SENS

ラトリエ デサンス

安曇野中心部 **MAP** 付録P.10 B-1

元フランス公邸料理人を務めた足立シェ
フが作る、地元食材をふんだんに使った
フレンチを手ごろな料金で供する。併設
の地ビール工場のフレッシュな穂高ビー
ル750円と一緒に味わえるのもうれしい。

☎0263-88-2757
所安曇野市穂高北穂高2845-7 穂高ブルワリー
ツインオークス内 営10:00(土・日曜、祝日
8:00)～18:00 休月・火曜
交JR穂高駅から大糸線で5分、安曇追分駅下車、
徒歩10分 Pあり

⬆安曇野の田園風景と北アルプスが望める

⬆県道306号沿いに建つレストラン

緑を愛でる憩いのひととき

遠くにアルプス連山を眺め、木々の緑に囲まれながら、爽やかな風と一緒に、テラスで過ごす。

北アルプスは空気もおいしい
山が見えるカフェテラス

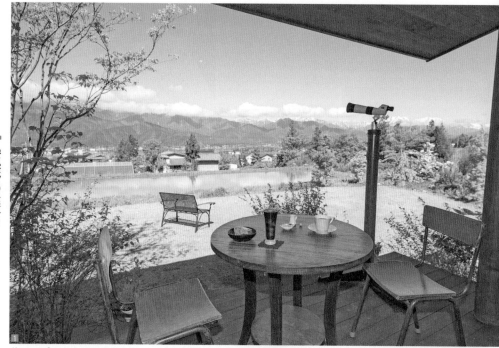

北アルプスの山並みも美しく
田園の香を連れた風が寄り添う

café 風のいろ

カフェ かぜのいろ

安曇野北部 **MAP** 付録P.8 C-1

季節ごとに違った顔を見せる安曇野ののどかな風景と北アルプス連山を一望できるテラス席で、香り高い自家焙煎珈琲500円を飲みながらゆっくり過ごしたい。ランチメニューも用意。

☎0261-85-0005
所池田町池田919-2
営10:00～17:00(LO16:30) 休水～金曜(大型連休は変動あり) 交JR穂高駅から大糸線で14分、信濃松川駅下車、車で6分 Pあり

1.庭の芝生に出て、ベンチや好きなテーブルでのんびり　2.小高い丘に建ち、周囲を山に囲まれた田園風景が望める　3.3種類のスパゲティのひとつ「小松菜と自家製ベーコンのパスタ」4.ランチは3種類から選べるスパゲティセット1300円がある

自然酵母の焼きたてパンを
眺望の良いデッキで味わう

自然酵母と石窯ぱん
bunga

しぜんこうぼといしがまぱん ブンガ

安曇野北部 **MAP** 付録 P.10 C-1

リンゴなど季節のフルーツから起こした
自家製酵母と長野県産小麦で作る、
添加物を使わない安心・安全のパン30
種が並ぶ。焼きたてをドリンクとともに
味わいたい。

☎ 080-5454-7031
🏠 池田町中鵜1376
🕐 9:00～17:00(売り切れ次第閉店)
🈂 日～火曜 🚃 JR穂高駅から大糸線で5分、
安曇追分駅下車、車で5分 🅿 あり

1.手作りにこだわる評判のベーカリー
2.テラス席から田園の向こうに北アルプ
スの山々が望める　3.黒豆パン220円。甘
さを控え、やわらかく煮た黒豆入りのパ
ン　4.雑穀と小豆のスコーン220円。小豆
と雑穀が加わりカリッとした食感と甘み
でファンも多い　5.バジルとチーズ220円。
生地に練り込んだバジルと焦げたチーズ
がスープとよく合う　6.りんごパン230円。
夏季を除いて販売。自家製のシンプルな
風味の煮リンゴが包まれ、外はパリッ、中
はしっとり

緑の中のテラス席でも味わえる
ヘルシーランチや手作りケーキ

Café Lotus

カフェ ロータス

穂高温泉周辺 **MAP** 付録 P.12 A-1

中房温泉へ向かう道に建つ山小屋風
の店。母娘が手作りする家庭的な惣菜
が並ぶランチは地元野菜たっぷりで、
定食に付く梅ジュースもおすすめだ。
急須のお茶は、おかわり自由。

☎ 0263-83-4262
🏠 安曇野市穂高有明7299-43
🕐 11:00～14:00頃(売り切れ次第閉店)
🈂 金～日曜、祝日、12月～GW(要問い合わ
せ) 🚃 JR穂高駅から車で15分 🅿 あり

1.木造りの店内は天井が高く気分も安らぐ
2.緑の木々に囲まれたテラス席は、自然の香
りと心地よい風に箸がすすむ
3.山小屋風建物に蓮の絵の暖簾が目印
4.主菜、サラダ、汁ものなどに、デザート、
飲み物付き本日のおひるごはん1800円

↑客席から眺める庭は、自由に歩きまわれる自然豊かな「野」

**風味豊かな手打ちの二八そばを
オリジナル薬味とつゆが引き立てる**

時遊庵あさかわ
じゆうあんあさかわ

店主・浅川さんが打つ二八そばは、喉ごしがよく香り高い。野趣あふれるメニューも店主の「野」に寄せる思いから生まれたもの。山麓に広がる敷地には花や樹木が楽しめる庭をしつらえた。

☎0263-83-3637
🏠安曇野市穂高有明8053-4
🕐11:30〜14:30頃(売り切れ次第閉店)
🈺水曜(祝日の場合は営業)　🚃JR穂高駅から車で15分　🅿あり

予約	不可
予算	Ⓛ880円〜

↑薬味はお浸しのわさびの花芽茎。食感とわさびの香りでそばが引き立つ「わさびの花芽茎ざる」1280円

←緑に包まれるようにたたずむ(左)、昔ながらの氷もち作り(中)、自然を取り込んだ塗り壁(右)

安曇野●食べる

わさびとともに絶品を味わう

名水から生まれたそば

北アルプスの雪解け水が伏流水となって湧き出す安曇野。
この清流で育つわさびと、
地下から汲み上げる冷たい水で打たれた逸品を味わいたい。

予約	可
予算	Ⓛ880円〜

**名水で仕込む信州産玄そばを
天然素材で作るこだわりのつゆで**

↑冷たいそばとともに名水にさらしたひと口の水そばが付く二八もりそば880円。つゆをつけずにまずはそばの風味を堪能

↑粉をひとまとめにしたら、200回ほど手ごね(菊練り)する

上條
かみじょう

信州八ヶ岳の麓で収穫された玄そばを石臼で挽き、茹で、さらすなど全工程に名水を使い、つゆもカツオ節、昆布など天然素材にこだわったそば処。伝統料理と創作麺料理が味わえる。

☎0263-82-4411
🏠安曇野市穂高5256-1　🈺月・火曜(祝日の場合は営業、GW・お盆は無休)
🕐11:00〜15:00(LO)
🚃JR穂高駅から徒歩10分　🅿あり

↑刺身用極上桜肉をレアのカツレツにした桜カツ1760円。薄切りしたカツはしょうがとネギで食せば肉の甘みと香ばしさが口に広がる(左)、元ペンションの面影を残す瀟洒な洋館。そばはもちろん酒肴も評判(右)

↓思い思いの場所でゆったりそばが味わえる広い店内は、家族連れにも利用しやすい

⬆店内から安曇野の田園風景と北アルプスが一望できる

名人の技を受け継ぐそばの名店
北アルプスの峰々を一望できる

安曇野 翁
あづみの おきな

安曇野中心部 MAP 付録P.8 C-2

主人の若月さんは名人・高橋邦弘さんのもとで修業し、風味とコシにこだわった手打ちそばを提供。すっきりした辛味つゆは、北アルプスの伏流水と鹿児島県枕崎市の本枯節カツオ、真昆布などで作る。

☎0261-62-1017
所池田町中鵜3056-5
営11:00～15:00(売り切れ次第閉店)
休月・火曜(祝日の場合は翌日)
交JR穂高駅から車で10分 Pあり

予約 可
予算 L 865円～

⬆そばは契約農家から仕入れ、皮むきから粉にするまで完全自家製粉。香り高いざるそば1000円

⬆つゆ用の本枯節カツオや花どんこ、真昆布

⬆高台に建ち、こだわりの味を求め遠方からの客が多い

安曇野の名水と地のわさびが
そばのうまさの決め手

そば処 一休庵
そばどころ いっきゅうあん

安曇野中心部 MAP 付録P.13 D-1

入口には名水百選にも選ばれた水が流れ、この水がそばの香りと風味を際立たせる。そばは石臼で挽いたこだわりの二八そばのほか、わさびの風味がたまらないアルプスわさびそばも人気。

☎0263-82-8000
所安曇野市穂高5957-4 営11:00～17:00
休月曜(祝日の場合は翌日)
交JR穂高駅から徒歩2分 Pあり

⬆太い梁と囲炉裏の風情ある座敷

➡大根の上に冷たいそばをのせ、わさび漬け、揚げ玉などを散らした「なごり雪」1400円

予約 可
予算 L 1000円～

水のおいしい安曇野で
手に入れたいわさび漬け

安曇野産わさびの鮮度と
品質にこだわり続けて60年

望月わさび店
もちづきわさびてん

安曇野南部 MAP 付録P.9 D-4

契約栽培の安曇野わさびは、料理屋、そば屋などプロ向けを中心としていたが、今では全国からのお取り寄せ注文に応え、厳選した品を各地に発送して好評を得ている。

☎0263-72-2608
所安曇野市豊科田沢5130 営10:00～19:00
休水曜 交JR田沢駅から徒歩2分／JR穂高駅から大糸線で6分、豊科駅下車、車で10分 Pあり

➡生わさび1本500円～、わさび漬けプレーン100g500円(税別)

野菜のおいしさをカジュアルに

満足感も抜群の ヘルシーランチ

本格ピッツァから人気のスープカレー、おいしい農家カフェまで、新鮮な地元野菜が豊富な安曇野ならではのとっておきランチをご紹介。滋味にあふれ、体も心も元気に。大地の恵みをゆったり味わいたい。

築100年余の古民家で味わう
本場の絶品ナポリピッツァ

ナポリピッツァ TASUKU
ナポリピッツァ タスク

安曇野南部 **MAP** 本書P.3 D-3

イタリアのナポリピッツァ職人協会認定職人である高橋さんが営むピッツァ専門店。安曇野産の無農薬小麦を使った生地は、風味が際立つ。

☎0263-87-7729
㊟安曇野市堀金鳥川3132-1
🕐11:00～17:30(LO、テイクアウトは18:30LO)、ランチ～14:00(LO) 土曜10:00～17:30(LO、テイクアウトは18:30LO) 日曜、祝日10:00～15:00(LO) 🈺月曜 🚃JR穂高駅から大糸線で9分、南豊科駅下車、徒歩30分 🅿あり

🔹かつて個人の邸宅だったという趣ある建物

🔹高温で素早く焼き上げることでサクッ、もちっ食感に

🔹古民家の造りを生かしたモダンで落ち着きのある空間

予約 平日のみ可
予算 1000円～

ピッツァランチ
(生ハムと安曇野産ルッコラのPIZZA)
1760円
地元産ルッコラとたっぷりの生ハムをサラダ感覚で楽しめる人気のランチ

安曇野●食べる

84

好みの辛さでオーダーできる
種類も豊富なスープカレー

スープカレー ハンジロー

安曇野中心部 **MAP** 付録P.10 B-3

スープは豚骨や牛骨、香味野菜、果物などを
12時間煮込んだものと、鶏ガラスープを合わせて、数種のスパイスを加えて仕上げる。季節限定メニューもある。水曜はつけ麺の提供。

☎0263-82-0688
⚑安曇野市穂高4857-1
🕐11:00〜15:00(LO)、月・火・金・土曜はディナー(テイクアウト営業)あり17:30(LO)、スープがなくなり次第終了の場合あり ⚑日曜、金・土曜のディナーは不定休 ⚑JR穂高駅から徒歩20分 Ｐあり

12品目の彩り野菜
スープカレー 1995円
地元の新鮮な旬野菜が、味、食感ともにたっぷり楽しめ、ベースのカレースープも美味

⬆窓辺のカウンターは外を眺めながらの一人ごはんにも最適

⬆20種余りのスパイスは好みに合わせて調整してくれ、辛みが苦手な人も安心

予約 可
予算 ⓁⒹ2000円〜

代々農業を営んできた
野菜中心の農家カフェ

YOKOYA
ヨコヤ

安曇野南部 **MAP** 付録P.14 A-2

農家の倉庫を改築した店内は、木造りで温かみがある。店名はオーナー松澤家の農家屋号で、食材は畑の野菜が中心。ランチ3種類のほか、手作りケーキなどメニューは豊富。

☎0263-72-0080
⚑安曇野市豊科高家5671-1 🕐11:30〜17:30(LO、冬季は〜16:30LO) ※土曜はカフェのみの営業 ⚑火・水曜 ⚑JR穂高駅から大糸線で18分、梓橋駅下車、徒歩10分 Ｐあり

⬆看板がなければ見過ごしてしまいそうなこぢんまりしたお店

⬆あたりには田畑が広がり、店内はアットホームな雰囲気が漂う

予約 可
予算 Ⓛ950円〜

ランチ
「気まぐれプレート」
1600円
豆腐入りハンバーグの和風あんかけなど日替わりの主菜に、サラダ、小鉢、ご飯、汁もの、デザートが付く。土曜は提供なし

※写真はイメージ

アップル アンド ローゼス

穂高温泉 **MAP** 付録P.12 C-4

「長野リンゴのおいしさをお菓子を通して多くの人へ」の意図どおり、リンゴを使ったさまざまなタルトや焼菓子は贈答にも大人気。

☎0263-31-0655
⚑安曇野市穂高有明8150-1
🕐10:00〜17:00
⚑火曜(祝日の場合は営業) ⚑JR穂高駅から車で10分
Ｐあり

⬆クラシックタルト
1ピース540円

⬆アフタヌーンティーは1名3800円〜
(3日前までに要予約)

満足感も抜群のヘルシーランチ

85

買う

お気に入りのアイテムを見つけたい
ギャラリーで 作家モノを探す

個性的なギャラリーで出会う作家ものは、ときには心を
捉えて離さない。こんな逸品を探しに出かけてみよう。

この展示空間では個展やテーマ展など
の「企画展」が常時開催されている

ギャラリー シュタイネ

穂高温泉周辺 **MAP** 付録 P.12 C-1

背景を生かし巧みに演出された空間

木立に囲まれた有明の別荘地の中にあるギャラ
リー。回廊になった館内は石と木で構成さ
れていて、オーナー厳選の作家たちの作品が
ゆっくり浮かび上がる。企画展と定期入れ替え
のある常設展を開催。

☎0263-83-5164　所安曇野市穂高有明7360-17
⊕10:00〜17:00　休木曜、1・2月、展示替え期間
交JR穂高駅から車で15分　Pあり

1.「ことり一輪挿し」
3500円
2.サンドブラスト「my
glass your glass」
各1万円
3.陶オブジェ「ペガサス」
4万4000円
4.一輪挿し「カメレオン
の器」4万1800円

➡穏やかな光
が差し込むガ
ラス張りの
ギャラリーに
個性豊かな作
品が並ぶ

1

2

3

4

スローな生活か似合いそうなシンプルでやさしい作家ものが並ぶ

nagi
ナギ

穂高温泉 **MAP** 付録P.12 B-4

洗練された心地よい雑貨

山麓線西の緑の生い茂る別荘地、細い砂利道を進むと奥に建つ。やわらかい日の差し込む店内は、オーナーの阿久津真希さんの器をはじめ、木のカトラリーや布製品のほか、作家もののガラスや器など暮らしを彩るセンスの良い品が揃う。

↑森の中にシャープな黒の建物

☎0263-83-1272
所安曇野市穂高有明7859-4
時11:30（金〜日曜・祝日10:30）〜16:00
休月・火曜、臨時休業あり、12月下旬〜2月末
交JR穂高駅から車で15分
Pあり

1.木工作家・木村毅さんの作品。木製の茶さじ1600円やバターナイフ1100円。微妙に形が違ってセレクトも楽しい　2.土ものの温かさのある薄手の白いコーヒーカップは、阿久津真希さん作で2000円（左）と1950円（右）　3.シンプルなデザインで、軽くて口当たりのよい木製スプーンSとSSは使い込むと味が出る。SS1本700円〜

十色屋
といろや

穂高温泉周辺 **MAP** 付録P.12 B-2

おみやげにしたい染め作品

天然素材を併設のアトリエで染めて、暖簾やタペストリーなどの布製品のほか、オリジナルのバッグや小物雑貨などを手作りしている。手描きの技法を施した小さなアート作品もある。

↑店の入口に掛かる染めの暖簾が目印

☎0263-83-2289
所安曇野市穂高有明2186-112
時10:00〜16:30
休火・水曜（祝日の場合は翌日）
交JR穂高駅から車で12分　Pあり

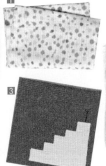

1.生成りの生地に手描きで色付けしたブックカバー小2420円〜　2.やわらかい色調のオリジナルデザイン帆布バッグ1万5400円　3.木枠に生地を張って、手描きの絵付けを施したパネル7700円

安曇野の名湯で最高の癒やしのひとときを
穂高温泉の宿
ほたかおんせん

長野県のほぼ中央部に位置し、
北アルプスの豊かな自然に恵まれた温泉郷。
泉質は弱アルカリ性単純泉で、優れた効能も期待できる。

四季を感じながら美肌の湯で疲れを癒やす貸切の露天風呂

にし屋別荘
にしやべっそう

穂高温泉 **MAP** 付録P.12 B-3

別荘に来た気分でくつろげる木のぬくもりのある古民家宿

古民家を移築してリノベーションした館。上質の時間が過ごせる和室、スタイリッシュで開放感のある部屋など何度も訪れたくなる。天然温泉とおいしい食事、さりげなく温かいもてなしの別荘は大人の隠れ家。

☎0263-81-5248
🏠安曇野市穂高有明3613-42　🚋JR穂高駅から車で10分　Pあり　in15:00　out10:00
🛏5室(全室禁煙)　💰1泊2食付1万9800円～

🌿緑の中にひっそりたたずむ

用途で選べる異なるタイプの客室、充実した温泉、囲炉裏のある部屋での食事も魅力的。

⬆古民家ならではの囲炉裏付きダイニング

⬆ゆったりと過ごせる和洋室「伊万里」

⬆マッサージチェアも人気のロフトタイプの「益子」

安曇野穂高
ビューホテル

あづみのほたかビューホテル

安曇野南部 **MAP** 付録P.8 B-4

森に抱かれた温泉リゾート
心と体が癒やされる

北アルプス常念岳麓に、約4万2000坪の広大な敷地を有するホテル。北アルプスの秘湯を引き込んだ温泉で体をリフレッシュ。安らぎの部屋は洋室、和室、和洋室などがあり、食事は和食とフレンチから選べる。

☎0263-83-6200
所安曇野市穂高牧2200-3
交JR穂高駅から車で15分（無料送迎あり、要予約）Pあり
in15:00 out10:00 室92室
予約1泊2食付1万7400円〜（サ税込・入湯税別）

↑ベッドルームと和室があって、使いやすさも広さも満足の和洋室（定員4名）

どの部屋からも、緑の景色を間近に眺められる。用途に合わせた客室を選びたい。

穂高温泉の宿

↑四季それぞれの魅力が楽しめる人気のホテル

↑旬の味を盛り込んだ安曇野穂高ならではの朝食バイキング

↑目の前に木々が迫る広々とした露天風呂。入湯時間は4〜11時、14〜23時（季節により変動）

ほどよく和洋を融合させた空間と、温泉との相乗効果で体が癒やされる。

↑4500坪の敷地に建ち、木々と岩を組み合わせた女性露天風呂は、森の自然に溶け込んでしまいそう

↑モーニングコーヒーは、朝のすがすがしい空気と小鳥のさえずりが楽しめるテラス席で

↑和風の部屋は、家具も安曇野在住作家ものを配した落ち着いた空間

お宿 なごみ野

おやどなごみの

穂高温泉 **MAP** 付録P.12 B-3

森の静寂と天然温泉
安らぎの空間

安曇野にいることすら忘れそうな森の中に建ち、日常を忘れ、ゆったり過ごしたい宿。旬の食材を使った創作懐石は華があり、この味を求めて訪れる客も多い。夕食・朝食の有無は選択できる。未就学児は利用不可。

☎0263-81-5566
所安曇野市穂高有明3618-44
交JR穂高駅から車で10分（無料送迎あり、要予約）Pあり
in15:00 out11:00
室15室（全室禁煙）
予約1泊2食付2万5450円〜

北アルプスの稜線美が極上のご褒美
自然に包まれたオーベルジュへ

北アルプスに抱かれ、山々を背景に田園風景が広がる。
絶好のロケーションと、自家菜園野菜などを使った
体にやさしい本格美食を楽しみたい。

残雪の北アルプス
連山が水田に映る
頃や黄金色の田ん
ぼなど、画家が描
いた世界そのまま。

眺望の良いフレンチレストランに
滞在し、画家気分を楽しむ

オーベルジュ メイヤの樹
オーベルジュ メイヤのき

安曇野中心部 **MAP** 付録P.8 C-2

本格フレンチを味わうには最高のロケ
ーションと、遠方からの常連客も足を運
ぶ。厳選した牛・豚肉、鮮魚に、無農
薬の自家栽培野菜や地元の野菜を使っ
た料理がいただける。ゆったり食事を
楽しみ、非日常のときを過ごしたい。

☎0261-62-6796
所池田町中鵜3056-6
交JR穂高駅から車で15分 Pあり
in16:00 out10:00 室2室(全室禁煙)
予約1泊2食付1万8000円〜

1.雄大な景色を一望できる東山の中腹に、
木々に囲まれ四季の移り変わりも楽しめる
2.北アルプスと対面する東山の斜面に建つ
3.テラスの足元に広がる無農薬有機肥料の
自家菜園では季節の野菜や果物までを栽培
4.眺望の良い2階客室からは、正面に常念岳
を望み、目の前の緑や田園風景も美しい
5.季節野菜を添えた本格フレンチは目でも
楽しめ、予約すれば食事のみの利用も可能
6.季節のデザートには人気の焼き菓子も

OTONATABI

Matsumoto

松本

新旧の文化が
優美に溶け合う
城下町

松本城の城下町として栄えた
風情ある街並みを歩き
往時の賑わいに思いを馳せる。
歴史と自然、文化に恵まれ
人々の暮らしが息づくこの街は
何度でも訪れたくなる
懐かしい魅力にあふれている。

エリアと観光のポイント

松本はこんなところです

日本アルプスと美ヶ原の山並みを背に、戦国時代からの天守を残す松本城の存在感。
城下町として栄えたのち、近代化のなか「学都」の道を進んだ歴史を垣間見る。

**江戸時代からハイカラ時代まで
懐かしい風景を探しに散策する**

　東は美ヶ原高原、西を北アルプスに抱かれた都市。黒壁が風雅な国宝・松本城を中心に、江戸時代から城下町として発展した。デパートやホテルなどのビルが並ぶ駅前を離れて街なかを歩けば、懐かしい街角風景を随所で見つけられる。女鳥羽川北側の大手周辺には、松本城や武家屋敷の高橋家住宅、明治建築の旧開智学校など、多様な歴史建築が点在する。

　町人町から発展した中町通りには、明治・大正期から残る蔵造りの街並みが続く。木造の古風な商店が並ぶ縄手通りとともに、買い物とグルメを楽しめる人気のレトロ・ストリートだ。市街地から5kmの場所には、松本藩の御殿湯が置かれた浅間温泉や美ヶ原温泉があり、和の風情満点の温泉宿でゆっくりと過ごすことができる。

↑市街地からも常念岳（じょうねんだけ）をはじめアルプスの山々を望むことができる

松本城は五重天守が現存

大手周辺
おおてしゅうへん

地元の人々からも愛されるシンボル・松本城は必訪のスポット。貴重な現存天守に入場して見学するとともに、庭園内も散策してみたい。

| 観光の
ポイント | 松本城 P.94
旧開智学校校舎 P.100 |

↑松本城から10分ほど歩いたところにある旧開智学校校舎は国宝に指定されている

↑黒と白のコントラストが印象的な松本城。春の桜や、雪をかぶったアルプスの山々と一緒に撮影したい

風情あるメインストリート

中町通り・縄手通り
なかまちどおり・なわてどおり

街の中心部を東西に流れる女鳥羽川を挟み並行する2つの商店街。城下町らしい街並みやレトロな雰囲気を楽しみながらおみやげ探しを。

| 観光の
ポイント | 中町通り・縄手通り P.98 |

↑松本駅と松本城の中間の位置にあるため、立ち寄りやすい

松本観光の起点となるエリア

松本駅周辺
まつもとえきしゅうへん

駅近くにはグルメの名店やホテルが充実。駅前大通り（あがたの森通り）を東に進むと、城下町を守る神社や美術館などの見どころがある。

| 観光の
ポイント | 深志神社 P.97
松本市美術館 P.101 |

↑駅東口（お城口）側に繁華街が広がっており、ホテルや飲食店などが揃う

松本

長野県宝松本市旧司祭館　●旧開智学校校舎

▲芥子望主山

明科駅

安曇野IC

篠ノ井線

豊科駅

254

254

147

143

浅間温泉

左図

美ヶ原温泉

松本駅

松本IC

北松本駅

158

大糸線

開智小

大手周辺

蟻ヶ崎

⊗松本蟻ヶ崎高

松本城西

松本神社前

新島々駅

アルピコ交通
上高地線

自動車道

長野

19

南松本駅

63

▲中山

松本城

巴町

大手1

塩尻北IC

塩尻駅

こまくさ道路

松本市役所

松本城

松本城南

大名町通り

大名町通り

観光案内を入手する

●松本市観光情報センター
☎0263-39-7176
●浅間温泉観光協会
☎0263-46-1800
URL asamaonsen.jp/

今町通り

千歳橋

四柱神社

縄手通り

松本市
時計博物館

Mウイング南
（中央公民館）

中央1

伊勢町通り

中央2

中町通り

中町通り・
縄手通り

松本駅周辺

女鳥羽川

本町通り

あかたの森通り

深志2

深志3

市民芸術館西

松本市美術館

63

深志神社

松本駅

駅前

SC アルピコプラザ

駅前記念公園

●まつもと市民芸術館

国府町

歴史ある松本の奥座敷
浅間温泉 → P.116
あさまおんせん

市街から5kmの距離に
ある温泉地。松本城
からもほど近く、松本
藩の御殿湯のひとつ
だった歴史ある温泉
街が残っている。
● 由緒正しい老舗宿や、
ラグジュアリーなモダ
ン宿など多彩な宿が建つ

高台に位置する情緒豊かな温泉街
美ヶ原温泉 → P.118
うつくしがはらおんせん

松本市街中心部から東へ5km、標高800m
の山麓に広がる松本藩の御殿湯のひと
つ。落ち着きの
ある雰囲気で人
気の保養地。
● 多くの老舗旅館
が軒を連ねる

お役立ちinformation

主要エリア間の交通

鉄道・バス

| 扇沢 |
| 路線バスで約35分 |
| 信濃大町駅 |
| JR大糸線で約30分 |
| 穂高駅 |
| JR大糸線で約30分 |
| 松本駅・松本バスターミナル |

| 浅間温泉 |
| 路線バスで約25分 |
| 美ヶ原温泉 |
| 路線バスで約20分 |

アルピコ交通上高地線で約30分

新島々駅

路線バスで
約1時間5分

路線バスで
約40分

さわんど
バスターミナル

上高地
バスターミナル

路線バスで
約15分

白骨温泉

車

| 扇沢 |
| 県道45・474号経由で18km |
| 信濃大町駅 |
| 国道147号経由で20km |
| 穂高駅 |
| 国道147号、県道310号経由で8km |
| 安曇野IC |

長野道経由で8km

国道143号、
県道284号
経由で11km

国道143号、
県道284号
経由で14km

浅間温泉

美ヶ原温泉

国道143号、
やまびこ道路
経由で5km

国道143号、
県道284号
経由で5km

松本駅

国道158・143号経由で3km

松本IC

国道158号経由で33km

沢渡駐車場地区

シャトルバスで
約30分

県道300号、国道
158号経由で6km

上高地
バスターミナル

白骨温泉

松本の移動手段

JR松本駅を起点として市内中心部を巡る
松本周遊バス「タウンスニーカー」はぜ
ひ活用したい（1乗車200円、1日乗車券
500円）。郊外の温泉地へは駅から路線
バスが出ている。

松本はこんなところです

93

天守から城下町を見渡す

松本城
まつもとじょう

国宝

➡ P.24/P.102

➡ P.24/P.102

黒と白の対比が美しい国宝・松本城。
400年以上の歴史を誇る城内敷地には、
松本を深く知るスポットがあふれている。

現存する5重6階の天守では
日本最古の国宝の城

文禄2～3年（1593～94）頃に石川数正、康長父子によって天守が築造された。戦いに有利な山城が主であった戦国時代にあって珍しい平城であり、犬山城、彦根城、姫路城、松江城とともに国宝に指定されている、国内有数の名城である。

天守周辺 MAP 付録P.16 B-1

☎0263-32-2902
所松本市丸の内4-1
⊕8:30～17:00（入場は～16:30） 休無休 料700円
交JR松本駅から徒歩20分／松本周遊バス・タウンスニーカー北コースで8分、松本城・市役所前下車すぐ Pあり（有料）

5棟の天守群が現存
戦国末期の戦いのための天守と、平和な時代の優雅な櫓の調和が見事だ。

大天守 だいてんしゅ
戦国時代末期に築造され、敵から領国を守る役割を持った5重6階の強固な造り

辰巳附櫓 たつみつけやぐら
泰平の世になって造られた櫓のため、敵を撃退する石落は見られない

月見櫓 つきみやぐら
善光寺に参詣する徳川家光を迎え入れる予定で増築された。三方の戸を外すと景色がよく見える

渡櫓 わたりやぐら
地階付きの2階建て構造。大天守と乾小天守をつなぐ天然木の梁が見どころ

大天守内を見学しよう

1F
鯱瓦や天守の壁など、昭和の修理で取り替えられた資料を展示している。

2F
火縄銃の仕組みや兵装品を公開している松本城鉄砲蔵の展示がある。

3F
二重目の屋根がかかるため窓のない暗闇階。倉庫や武者溜とされた。

4F
戦時に城主が座を構える御座所。城内で最も急な61度の階段がある。

5F
武者窓などから全方角が見渡せ、重臣らが集まったとされる作戦会議室。

6F
天守の最上階からは、松本市街と北アルプスの山々を一望できる。

松本城

外堀

埋橋　乾小天守　本丸御殿跡　　二の丸御殿跡
渡櫓　　　　　　　　　売店
大天守　月見櫓　　黒門　　太鼓門
辰巳附櫓　　　　　　外堀　松本城市役所前
内堀　観覧券売所
松本城公園　　　　　市役所口

◑松本藩3代目藩主・小笠原秀政や正室・登久姫、鎧武者や忍者に扮する「おもてなし隊」が記念撮影に協力してくれる

乾小天守

いぬいこてんしゅ

天守の右側（北側）に位置する3重4階の構造。渡櫓で天守とつながっている
※現在は入場不可

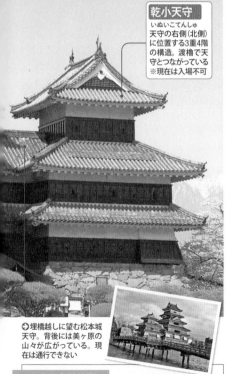

◑埋橋越しに望む松本城天守。背後には美ヶ原の山々が広がっている。現在は通行できない

二十六夜神伝説

元和4年（1618）の正月26日の夜、城内に現れた女神が「われを天守の梁に祀り、毎月26日に餅をついて供えれば、城は安泰であろう」というお告げを残した。以降、毎月26日にこの祭礼が行われてきたといわれている。

本丸御殿跡
ほんまるごてんあと

本丸庭園内の瓦で仕切られた部分。城主の居館として建設された

太鼓門
たいこもん

鐘や太鼓を備えた太鼓楼があり、家臣に時や情報を伝える役割を果たしていた

黒門
くろもん

本丸御殿への正式な門として、当時の最高色調である黒の名を冠した

95

城下町・松本の史跡をたどる
江戸時代の街並み拝見

初代松本城主・小笠原氏から500年以上にわたる歴史のなかで、城下町としての松本の街並みも、時とともに変容してきた。街の成り立ち、文化の変遷、歴史の背景を感じながら、史跡散策を楽しみたい。

↑源智の井戸は高砂通りにある

高橋家住宅
たかはしけじゅうたく
大手周辺 **MAP** 付録P.15 E-3

松本藩の中級武家屋敷

江戸中期に建築されたと伝わる、県内でも最古の部類に入る貴重な武家屋敷。松本藩の戸田家に仕えた高橋家がここに暮らした。

☎0263-33-1818 所松本市開智2-9-10 時9:00～17:00(入場は～16:30) 休月・金曜(祝日は除く、12～2月は月～土曜) 料無料 交JR松本駅から車で10分 Pなし

↑市の重要文化財に指定されている

↑旧開智学校からは徒歩5分ほどの距離

↑古文書にあった間取りをもとに、幕末～明治初期の姿に復元された

餌差町 十王堂
えさしまち じゅうおうどう
大手周辺 **MAP** 付録P.17 E-2

閻魔大王が睨みをきかす

十王堂は松本城下の鎮護のために東西南北の主要な街道入口に置かれた。平成27年(2015)に現在の場所に建て替えられ、堂内には閻魔大王や冥界を司る十王像が立つ。

Pなし
所松本市大手5-5-31
開休料拝観自由
(お堂の小窓から拝観)
交JR松本駅から徒歩20分
Pなし

↑高さ110cmの木像の閻魔大王が安置されている

↑解説が詳しく城郭の様子がよくわかる史跡公園

西総堀土塁公園
にしそうぼりどるいこうえん
大手周辺 **MAP** 付録P.16 B-2

土塁の一部を保存整備

松本城のいちばん外側の防衛施設として造られた土塁の一部を保存整備した歴史公園。往時の松本城全体の様子を知るうえでも興味深い。

☎0263-32-2902(松本城管理課) 所松本市大手2-54 開休料入場自由 交JR松本駅から徒歩10分 Pなし

松本 ● 歩く・観る

袋町の風景・鍵の手

ふくろまちのふうけい・かぎのて

大手周辺 **MAP** 付録P.15 E-3

江戸町名碑を訪ね歩く

松本城下の町名を記した碑が街の随所に立っている。道が鍵の手に曲がった袋町もそのひとつ。

☎0263-34-3292(松本市教育委員会文化財課)
所松本市城東 休料見学自由
交JR松本駅から車で10分 Pなし

↑道沿いに侍屋敷が並んでいた

↑旧町名と説明が刻まれている

↑蔵が並ぶ中町通りの風情ある風景が観光客にも人気

←本町通りと中町の角。もうひとつは本町通りと伊勢町の角に立つ

善光寺街道道標

ぜんこうじかいどうどうひょう

中町通り **MAP** 付録P.16 B-3

善光寺へと続く道

古い土蔵が並ぶ中町通りは、かつて善光寺詣での人々で賑わった旧善光寺街道の一部。2カ所に道標が立つ。

☎0263-34-3000(松本市役所観光プロモーション課) 所松本市中央 中町通りと本町通りの交差点 休料見学自由
交JR松本駅から徒歩9分 Pなし

↑朱塗りの鮮やかな本殿

深志神社

ふかしじんじゃ

松本駅周辺 **MAP** 付録P.17 D-4

松本城下の守り神

菅原道真公を祀り、松本城の城下町形成とともに信仰を集め、「深志の天神」と親しまれてきた。毎年7月24・25日の「天神まつり」は、松本に夏の訪れを告げる風物詩となっている。

↑菅原道真公が11歳で初めて漢詩を詠む場面を表している

☎0263-32-1214
所松本市深志3-7-43
休参拝自由
交JR松本駅から徒歩11分 Pあり

松本の湧き水巡り

「平成の名水選」にも選ばれた松本の「まつもと城下町湧水群」を歩く。

女鳥羽の泉

めとばのいずみ

縄手通り周辺 **MAP** 付録P.17 E-2

老舗酒造の仕込み水

市街地に唯一残る造り酒屋、善哉酒造の敷地内の地下30mから自噴している湧水。通りに面しているので誰でも気軽に立ち寄れる。

☎0263-32-0734
(善哉酒造)
所松本市大手5-4-24
休見学自由
交JR松本駅から車で10分
Pあり

伊織霊水

いおりれいすい

中町通り **MAP** 付録P.17 D-3

松本藩士・鈴木伊織の墓に湧く

貞享3年(1686)、農民一揆に関わって捕らえられた農民たちの助命に奔走した清廉潔白の武士、鈴木伊織の墓所近くにある。

☎0263-34-3015(松本市役所建設部都市計画課) 所松本市中央4-8 伊織霊水前小公園東
休料見学自由
交JR松本駅から徒歩17分
Pなし(近隣駐車場利用、有料)

源智の井戸

げんちのいど

松本駅周辺 **MAP** 付録P.16 C-3

毎分200ℓの湧水量を誇る

江戸時代から飲用や酒造りに使われてきた名水。松本市特別史跡。小笠原氏の家臣、河辺縫殿助源智が所有者だったことが名の由来。

☎0263-34-3292
(松本市教育委員会文化財課)
所松本市中央3
休料見学自由
交JR松本駅から徒歩15分
Pなし

↑城下町風情が感じられる蔵が特徴の中町通り(左)、どこか懐かしいレトロな雰囲気の縄手通り(右)

中町通り・縄手通りを歩く
なかまち　なわて

明治〜昭和、蔵の続く通り

松本の旧町名をそのまま残している「中町商店街」。
白と黒の土蔵造りの建物が今もなお多数残り、民芸・工芸の専門店や飲食店などが連なる。
女鳥羽川対岸の縄手通りはみやげ物屋が並び、賑やかだ。
めとばがわ

松本●歩く・観る

なまこ壁の商家の街並みと
下町情緒漂う商店街

　本町通りと大橋通りを結ぶ中町通りは、かつて酒蔵や呉服などの問屋で栄え、商人らの知恵で火災に強いなまこ壁の土蔵が造られた。「縄のように長い土手」というのが由来の縄手通りは、江戸時代の城下町が再現されている。

↑縄手通りの真ん中あたりにある「カエル大明神」

↑縄手通り西入口に鎮座するのは通称ガマ侍。神輿として作られ、重さは400kg!

中町通り なかまちどおり
MAP 付録P.16 C-3

☎0263-36-1421(中町商店街振興組合)
所松本市中央　交JR松本駅から徒歩9分

縄手通り なわてどおり
MAP 付録P.16 C-2

☎0263-35-7737(ナワテ通り商業協同組合)
所松本市大手　交JR松本駅から徒歩10分

神道さんの名で親しまれる

四柱神社 ①
よはしらじんじゃ

縄手通り周辺 **MAP** 付録P.16 C-2

四柱の神様が祀られ、すべての願い事が叶う「願い事むすびの神」として参拝者が絶えない。境内へは明治天皇ゆかりの御幸橋が架かる。

☎0263-32-1936　所松本市大手3-3-20
開休料参拝自由　交JR松本駅から徒歩10分　Pあり

↑パワースポットとしても近年注目を集める

四柱神社境内にあるそば処

こばやし本店 こばやしほんてん

縄手通り周辺 **MAP** 付録P.16 B-2

皇族も訪れた風情あるそば店は
二八の味覚を守る「伝承のそば」

明治から伝わる職人技を守り抜いた味は、年配層を中心にファンが多い。わさびは安曇野産、醤油は地元松本の大久保醸造謹製。四柱神社境内の新緑や紅葉を眺めながらいただける。

☎0263-32-1298
所松本市大手3-3-20 四柱神社境内
営11:00〜18:00　休木曜
交JR松本駅から徒歩10分　Pなし

予約	可
予算	1300円〜

↑ざるそば1430円。つゆは地元謹製甘露醤油と、薩摩の肉厚カツオ、利尻の最上級昆布をオリジナルでブレンド。自分でおろす本わさびの香りが格別

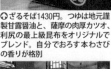

⇨NHK連続テレビ小説『おひさま』の「丸庵」はこのお店がモデル

たい焼きふるさと ❷
たいやきふるさと

縄手通り MAP 付録P.16 C-2

味の秘訣は昔ながらの一本焼

一個一個ていねいに焼き上げる昭和の製法を守り抜くがゆえの、薄皮のパリパリ感。散策中のおやつに。ウインナー、カスタードクリームもあり。あんこの量り売りも可。

↑自家製あんこと長野県産地粉と卵の皮のハーモニーは絶品

→たい焼きが焼ける過程をイラスト化した手ぬぐい1000円

☎0263-39-5552
所松本市大手4-1
営10:00～17:00
休不定休 交JR松本駅から徒歩10分 Pなし

松本ブルワリー タップルーム ❸
まつもとブルワリー タップルーム

観光案内所のような隠れ家

中町通り MAP 付録P.16 C-3

松本のクラフトビール「松本ブルワリー」直営店。1階がスタンディングで2階が座席となっている。松本市内の醸造所直送のビールを楽しむことができる。

☎0263-31-0081
所松本市中央3-4-21 営13:00～19:00(18:40LO、土・日曜、祝日は12:00～) 休火曜 交JR松本駅から徒歩15分 Pなし

予約 不可
予算 690円～

→ボトル各種330㎖550円～(写真)、ハーフパイント690円～、パイント1050円～

↑1階は立ち飲みで、気軽な交流の場となっている

↑P.21 本市立博物館★

↑松本城
R こばやし本店 P.98
四柱神社❶
大橋通り
たい焼きふるさと❷
松本ブルワリー タップルーム❸
S Chez Momo P.114
R 女鳥羽そば P.105

松本城大手門枡形跡広場●
千歳橋 ガ侍
縄手通り
中の橋 一ツ橋
大橋
女鳥羽川
明治～昭和 蔵の続く通り

千歳橋 幸橋
P.97 善光寺街道道標★
カエル大明神
P.108 珈琲まるも C
S coto. coto. P.110
❹ ちきりや工芸店

P.107 おきな堂 R
P.101 松本市はかり資料館★
本市計物館
S てまりや P.115
はかり資料館
中町通り
S salon as salon P.109

P.108 中町・蔵シック館SABO C
本町
中央2
S おはきもの 矢口本店 P.113
P.112 松本民芸家具 中央民芸ショールーム S
143
❺ 手仕事商會すぐり
藤森病院
S 工藝マエストロ P.113
龍興寺卍

N
0 50m

ちきりや工芸店 ❹
ちきりやこうげいてん

日々の暮らしになじむアイテム

中町通り MAP 付録P.17 D-3

松本民芸館初代館長・故丸山太郎氏が始めた歴史ある店。日本のみならずアジア、西アフリカなど国境を越えて集められた民芸雑貨のコレクションは見応えあり。

☎0263-33-2522 所松本市中央3-4-18 営10:00～17:30 休火・水曜 交JR松本駅から徒歩16分 Pなし

↑なまこ壁の通りから見えるカラフルなグラス

↑シンプルモダン＋繊細な色合いが特徴の皿

↑ひとつひとつ表情が違う真鍮のインド製のスプーン

→セットで揃えたい個性的なマグ

※掲載している商品はイメージです

手仕事商會すぐり ❺
てしごとしょうかいすぐり

個性が光るハンドクラフト

中町通り MAP 付録P.16 C-3

個性的な作家の手仕事による工芸品と松本みやげを発信。2階にギャラリーがあり、展示会やワークショップも開催する。テイクアウトのレモネードも人気。

☎0263-33-7736 所松本市中央3-2-13奥ノ蔵 営11:00～17:00 休水曜 交JR松本駅から徒歩15分 Pなし

→小径を進んだ奥にあり、静かで落ち着く店

→草木染の糸で作った松本てまり5000円～

←→サクッとした食感の松本だるま 黒豆きなこ飴840円(上)、胡桃ガラスのワイングラス4235円(右)

洋風の学舎を訪ねる
文明開化の
名建築に会う

明治・大正時代に学舎として建てられた洋風建築。輸入品の色ガラスや、細かな彫刻の施された意匠も美しく、当時の面影をそのままに感じられる建物が現代まで残されている。

↑現在は教育博物館として約11万点の教育資料が保存されている

松本 ● 歩く・観る

旧松本高等学校 重文
きゅうまつもとこうとうがっこう
松本郊外 MAP 付録P.17 F-4

ヒマラヤ杉に囲まれた学び舎は歴史的にも貴重な学校建築

大正8年（1919）に開校した旧制松本高等学校の校舎として建てられ、現在はあがたの森文化会館として使用されている。

☎0263-32-1812（あがたの森文化会館）
所松本市県3-1-1
開9：00～22：00（日曜は～17：00）、記念館9：00～17：00 休月曜、祝日（祝日が月曜の場合は月・火曜休、祝日が日曜の場合は開館し月・火曜休）
料入館無料、記念館常設展310円 交JR松本駅から徒歩20分／松本周遊バス・タウンスニーカー東コースで13分、旧松本高校下車すぐ Pあり

↑貴重な資料を展示している

↑卒業生である北杜夫の『どくとるマンボウ青春記』の舞台としても有名

↑保存状態が良く、国の重要文化財に指定

旧開智学校校舎 国宝
きゅうかいちがっこうこうしゃ
大手周辺 MAP 付録P.15 E-3

明治時代初期に建てられた擬洋風建築の代表作

現存する校舎は明治9年（1876）に建てられたもので、約90年にわたり使用されたのち、現在地に移築保存された。近代学校建築として国宝の指定を受けた第1号でもある。

☎0263-32-5725
所松本市開智2-4-12
開9：00～17：00（入館は～16：30、変更の場合あり）休第3月曜、12～2月の月曜（祝日の場合は翌日）料400円 交JR松本駅から徒歩25分／松本周遊バス・タウンスニーカー北コースで17分、旧開智学校下車、徒歩1分 Pあり

※2024年秋まで耐震対策工事のため休館。隣接する松本市旧司祭館で紹介展示を実施

↑当時の学び舎が今も大切に保存されている

↑和風と洋風のデザインが混在する擬洋風建築

立ち寄りスポット

開運堂 松風庵
かいうんどう しょうふうあん

閑静な住宅街の一角にある隠れ家的なお店。日本庭園を楽しみながら和菓子と抹茶をいただく。

大手周辺 MAP 付録P.15 E-3

☎0263-32-1985
所松本市開智2-3-30
営10：00～17：00（LO16：30）
休火曜（祝日の場合は翌日）
交JR松本駅から車で10分
Pあり
※未就学児は入席不可

↑季節の和菓子と抹茶のセット770円

↑和菓子をいただく理想的な環境を追求した数寄屋造りの店舗

松本市美術館
まつもとしびじゅつかん

郷土出身芸術家の名作
地域に開かれた美術館

鑑賞・表現・学習・交流の4つを柱としており、松本出身の芸術家・草間彌生や書家・上條 信山の常設展示のほか、年3～4回の企画展が行われる。市民アトリエや多目的ホールなど、市民に広く開放されている。

草間彌生氏のグッズなどが人気。展覧会図録や作品のポストカードなどが手に入る

松本駅周辺 **MAP** 付録P.17 E-3
- ☎0263-39-7400
- 🏠松本市中央4-2-22
- 🕐9:00～17:00（入館は～16:30）
- 🚫月曜（祝日の場合は翌日）
- 💴410円（企画展は別途）
- 🚃JR松本駅から徒歩12分 🅿あり

⬆建物は建築家・宮本忠長氏の設計

ものづくりの美と心を知る
伝統とアートが融合する街

伝統的なものづくりに携わる職人が多かった松本では、アートに関するアンテナの感度も当然高い。時代を超えて継承されてきた伝統とアートムーブメントが共存する松本の注目ミュージアムをご紹介。

日本浮世絵博物館
にほんうきよえはくぶつかん

国際的にも評価の高い
酒井コレクションを公開

江戸時代松本の城下町で、諸式問屋として財をなした酒井家が200年にわたって収集した浮世絵10万点を所蔵。順次公開している。近年では多くの外国人観光客も訪れる。

松本郊外
MAP 付録P.14 B-3
- ☎0263-47-4440
- 🏠松本市島立2206-1
- 🕐10:00～17:00（入館は～16:30）
- 🚫月曜（祝日の場合は翌日）、展示替え休館あり
- 💴1000円
- 🚃JR松本駅から車で15分 🅿あり

⬆建築家・篠原一男氏が手がけた建物

⬆渓斎英泉『風流美人競／桜』。収蔵する浮世絵は質・量ともに世界有数の内容

松本市はかり資料館
まつもとしはかりしりょうかん

「測る・計る・量る」道具
約1300点を収蔵・展示する

前身は昭和61年（1986）まで営業していた竹内度量衡店。平成元年（1989）に資料館としてオープン。両替天秤や繭の雌雄選別器などを展示している。

中町通り **MAP** 付録P.16 C-3
- ☎0263-36-1191
- 🏠松本市中央3-4-21
- 🕐9:00～17:00（入館は～16:30）
- 🚫月曜（祝日の場合は翌日）
- 💴200円 🚃JR松本駅から松本周遊バス・タウンスニーカー東コースで6分、はかり資料館前下車すぐ 🅿なし

⬆感覚ではかる体験コーナー

⬆中町通りのほぼ中央。中庭の土蔵と擬洋風建築の蔵座敷も見どころ

⬆長さ（度）、容積（量）、質量（衡）をはかる、ものさしや天秤などの道具を展示

101

歴史 天下の名城とともに栄えた城下町・松本の歴史

松本城500年の紆余曲折

信濃の交通・軍事の要地だった松本城は、数多の名家が入れ替わり城主を務めてきた。
漆黒の天守は維新後も解体を逃れ、今も街の中央に昔の姿のまま威風堂々とそびえ立つ。

松本●歴史

室町時代 小笠原氏が井川城と林城を築城
松本が信濃の中枢に

信濃支配の中枢となる国府が置かれた松本
守護大名・小笠原氏が松本で信濃統治を目指す

　松本市街地一帯は古くは深志といった。平安時代より深志には信濃（長野県）の政庁である国府が置かれた。鎌倉時代には比企氏、次いで北条氏が信濃の守護職を務めている。元弘の乱で鎌倉幕府が滅びると、足利方で従軍した信濃国司の小笠原貞宗が執権北条一族に代わって信濃の守護となる。貞宗は府中に井川館（松本市井川城）を築き、守護所とした。小笠原氏は室町時代を通して井川館を本拠とし、信濃守として信濃での支配域を広めていった。戦乱が激しくなってきた応仁の乱の直前には、平城の井川館から山城の林城（松本市里山辺）に本拠を移している。

戦国時代 松本城と街の基盤が生まれる
松本城の築城

支配者がめまぐるしく変わった戦乱の時代
松本城と松本の街の原形が産声を上げる

　戦国時代を迎えると、小笠原氏と配下の武将たちは松本盆地周辺の山々に山城を建造し、深志の防衛線を築いていった。永正元年（1504）頃には小笠原氏一族の島立貞永が、平城の砦として深志（松本城の前身）を築いたといわれる。天文19年（1550）、隣国の強敵・甲斐の武田信玄が深志へ侵攻。林城主・小笠原長時は味方に相次いで裏切られ、早々に敗走してしまう。深志を落とした信玄は、平城の深志城を北信濃侵攻の拠点と定め、城の改修を行った。武田氏の信濃支配は、織田信長に討たれるまで約30年続いた。その信長も本能寺の変で滅びると、混乱に乗じて小笠原長時の子・貞慶が天正10年（1582）に深志城を攻め、奪還を果たす。信濃小笠原氏復興の再スタートをきった貞慶は城の名を松本城に改め、城の整備や城下町の建設に着手する。このとき現在の街の基盤が築かれ、松本の地名が生まれた。

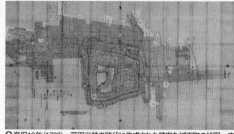

⬆享保13年（1728）、戸田光慈の時代に作成された精密な城下町の絵図。市指定重要文化財〈『享保13年秋改　松本城下絵図』松本城管理事務所所蔵〉

松本城 ➡P.24/P.94
まつもとじょう

大手周辺 **MAP** 付録P.16 B-1

現存する天守12城のひとつで、天守は国宝に指定。北アルプスを背にそびえる堂々とした五重天守の姿は、松本の象徴として名高い。

⬆5重6階の天守では日本最古という貴重な城

⬅昭和25〜30年（1950〜55）の「昭和の大修理」前の天守（松本城管理事務所所蔵）

⬅明治6年（1873）に天守を使って開かれた筑摩県博覧会の錦絵〈日本銀行金融研究所貨幣博物館所蔵〉

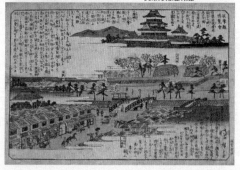

102

6家23代による藩政時代
国宝・天守が完成

藩主が次々と変わるなかで城下町は発展
職人や商人により商工業が発展する

　豊臣秀吉の天下統一後の天正18年（1590）、小笠原氏は関東へ転封となり、秀吉の重臣・石川数正が松本藩へ入る。数正と子の康長は、中世の城郭の松本城を石垣や天守を備えた近世の城に改修。文禄3年（1594）頃には、大天守や乾小天守、渡櫓からなる連結式天守が完成した。江戸時代には藩主の転封や改易が相次ぎ、6家23代が松本藩を治めた。松平直政の時代に辰巳附櫓と月見櫓が増築され、現在の天守の姿となる。城下町の整備は江戸中期の水野氏の時代にほぼ完了する。城は総堀、外堀、内堀の3重の水堀に守られ、周りに広がる城下町には北に下級武士の屋敷、現在の中町通りや本町通りには町人の家が並んだ。

水野松本大変 ◀ 江戸城内で刃傷沙汰

　水野家6代藩主の忠恒は、享保10年（1725）に江戸城松の廊下で「忠臣蔵」さながらの刃傷事件を起こしている。将軍吉宗に拝礼に上がった折、乱心して松の廊下で毛利家の世子・毛利師就に切りつけてしまう。水野家は改易となり、松本藩主の座を戸田家に譲った。

松本民芸家具 ◀ 松本城修復の職人

　松本城や城下町の整備には数多くの職人が携わった。そこで培われた職人技が、松本を手仕事の街として発展させていく。和家具もそのひとつで、松本で生産される「松本家具」は明治・大正期に一ブランドを成す。戦後は一時すたれるが、松本民芸家具（P.112）が間もなく上質な和洋家具の生産を始め、伝統を守っている。

住民によって守られた漆黒の城
松本城存亡の危機

住民たちの手で取り壊しを逃れた天守
教育文化・商業の盛んな都市に生まれ変わる

　明治維新後の廃藩置県で松本は筑摩県、のちに長野県に統合される。松本城内の建造物は次々と競売にかけられ、天守も売却が決まる。これに待ったをかけたのが下横田町の副戸長・市川量造氏ほか、松本の人々だった。城内で博覧会を開催し、その利益で天守を買い戻している。その後は大切に修復・保存され、国宝に指定された。城下町の建物は明治の大火でほぼ失われたが、町割や町名に往時の名残がある。明治以降は教育振興策が進められ、明治初期開校の開智学校をはじめ多くの学校が建てられ、教育県・長野を牽引した。現在も教育や芸術文化の盛んな街として知られている。

西暦	元号	事項
1334	建武元	信濃守護・小笠原貞宗が守護館・井川館を置く
1351	観応 2	諏訪直頼が放光寺を攻める
1439	永享11	筑摩神社本殿が完成
1460	寛正元	山辺に林城が完成
1470	文明 2	坂西氏が諏訪大社上社の御柱行事で「府中深志介役」を務める
1504	永正元	深志城が林城の支城として築城される
1550	天文19	武田信玄が深志城を攻め、小笠原長時を追放、深志城に入城。深志城の改修に着手する
1582	天正10	織田信長軍が武田家を滅ぼす。小笠原貞慶が領地を回復し、深志城を松本城◯P.24/P.94と改名
1585	13	城下町の建設を開始
1590	18	豊臣秀吉が石川数正を松本城主とする
1593	文禄 2	松本城天守の建築が進む
1615	元和元	四賀地区の金山で鉱山が発見され天領となる
1637	寛永14	寛永通宝の銭座が開設（松本城下ほか全国8カ所）
1686	貞享 3	領内に一揆が起きる（貞享騒動）
1721	享保 6	城下で塩市が始まる
1724	9	『信府統記』完成
1725	10	水野忠恒が江戸城内で刃傷事件を起こし、水野家は改易になる

西暦	元号	事項
1727	享保12	本丸御殿を失火で全焼する
1731	16	大雨で女鳥羽川などが決壊。松本町が浸水
1776	安永 5	「綿屋の火事」発生
1785	天明 5	この頃「新町学問所」があった
1791	寛政 3	松本城下で地震
1793	5	藩校「崇教館」開校
1803	享和 3	「飴屋の火事」発生。約2000軒が焼失
1814	文化11	伊能忠敬一行の測量を受ける
1825	文政 8	打ちこわしを伴った百姓一揆が北安曇から起き、城下に迫る（赤蓑騒動）
1832	天保 3	松本と信州新町間に犀川通船が開通
1865	元治 2	「山城屋の火事」発生。約1200軒が焼失
1868	明治元	新政府軍に属し北越戦争に出兵する
1869	2	藩主・戸田（松平）光則が版籍奉還を許可され松本藩知事となる
1870	3	廃仏毀釈が行われる
1871	4	廃藩置県により松本藩が松本県に。その後再編して筑摩県ができる
1872	5	松本城が競売にかけられる
1873	6	開智学校開校

↑地産地消と旬の味を大切にした一皿
一皿は、デザイン画のように美しい
（左）、月ごとに内容が替わる会席料理。
旬の味を楽しめる（右）

松本の繁栄とともに歩んできた食文化

城下町の美しい食卓

城下町として栄え、多くの客人をもてなしてきた松本。訪れる人たちの舌を満足させるために、自然に恵まれた信州の食材を生かして各店が切磋琢磨してきた。

おすすめメニュー	
ニシ／クード ラパン 1万円〜	
ヒガシ／季節の会席 1万円〜	

予約	可
予算	ニシⓛ1万円〜 Ⓓ2万円〜
	ヒガシⓛ8000円〜
	Ⓓ1万3000円〜

☎0263-38-0186（ニシ）
☎0263-38-0068（ヒガシ）
所松本市大手4-7-14
営ニシ／11:30〜13:00（最終入店、土・日曜、祝日、連休中のみ営業）
18:00〜19:30（最終入店）
ヒガシ／11:30〜12:30（最終入店）18:00〜19:00（最終入店）
休水曜 交JR松本駅から徒歩20分／車で10分 Pあり

ナチュレフレンチのニシと
旬づくし和会席のヒガシ

フランス料理・日本料理

ヒカリヤ ニシ・ヒガシ

大手周辺 MAP 付録P.17 D-2

名門商家・光家の母屋など蔵屋敷を生かした建物で、マクロビオティックに基づくナチュレフレンチを提供する「ニシ」と、信州の素材を中心とした日本料理の「ヒガシ」の、2店が共存する。

↑築140年の歴史的建物をリノベーションしたニシの店内

↑欧州の名店で経験を積んだニシ・田邉シェフ

↑国登録有形文化財に登録された店舗

クラシカルな優美さに誘われて
ツタに覆われた美しき古典世界

フランス料理

レストラン鯛萬
レストランたいまん

大手周辺 **MAP** 付録P.16 C-2

独特の風格と洗練された雰囲気がどこをとっても絵になるフレンチの名店。高い天井、窓から見える庭、咲き誇る花々が感じさせてくれる静かな贅沢。特別な日を演出したいときに。

☎0263-32-0882
🏠松本市大手4-2-4 🕚11:30〜14:00
17:00〜21:00(LO20:00) 🈲水曜
🚃JR松本駅から徒歩15分 🅿あり

↖1階メインダイニング。店内には重厚ながらくつろげる空間が広がる

予約	可
予算	Ⓛ6050円〜
	Ⓓ1万4520円〜

↘クラシック音楽が静かに流れる店内は、民芸家具がよく似合う

↘「手長エビのナージュ カラスミ風味テットドコションを添えて」はお昼のコースAの前菜

おすすめメニュー

お昼のコース A 6050円
ディナーコース A 1万4520円

名建築家による上質な空間
知る人ぞ知る隠れ家的料理店

イタリア料理

イタリア料理 みたに
イタリアりょうり みたに

松本郊外 **MAP** 付録P.15 D-3

建築家の中村好文氏による店舗は、中央に大きな鉄の暖炉があり、シンプルさのなかに個性を主張する洗練された空間が広がる。トータルで料理を楽しんでもらうためにと、メニューはコース制。

☎0263-35-3895
🏠松本市白板1-2-11
🕚12:00〜14:00 18:00〜21:00
※完全予約制(要問い合わせ) 🈲不定休
🚃JR松本駅から徒歩10分 🅿あり

↖枕木を並べた小道から店の入口へと進んでいくと、期待に胸が高鳴る

↖シンプルな造りの店内で食事をしながら会話も弾む

予約	要(当日不可)
予算	
	Ⓛ6500円〜
	Ⓓ1万1000円〜

↘左からベーコンピザ、信州産の野菜を使った前菜、スモークビーフのカルパッチョ

地元産にこだわったそばは外せない

松本はそば店が100軒以上点在し、全国からそば好きが訪れる激戦区だ。

店内の石臼で毎日挽く新鮮な粉
風味のたつそばを3種の味で

女鳥羽そば めとばそば

中町通り周辺 **MAP** 付録P.17 D-2

女鳥羽川のほとりにある、和モダンな蔵造りの店。市内産の玄そばを毎朝店内で自家挽きにして使用している。塩分糖分控えめ、天然素材のみのつゆも、店主の来客を思いやる気持ちの賜物。

☎0263-35-8502
🏠松本市中央3-4-8
🕚11:00〜17:00(土・日曜は〜
19:00) 🈲水曜、第3火曜
🚃JR松本駅から徒歩12分
🅿あり

↘毎日店内の石臼で、地元の寿・内田地区産の粉を挽く

予約	可
予算	1300円〜

↘三重(みかさね)そば1485円。「海苔」「抹茶」と「とろろ」の3つの味を楽しめる不動の看板メニュー。とろろ+ゴマとクルミの薬味は店主考案のオリジナル

約125年の歴史に風格漂う
90品目の馬肉料理を扱う老舗

馬肉バル 新三よし

ばにくバルしんみよし

松本駅周辺 **MAP** 付録 P.16 B-4

創業明治32年(1899)、馬肉料理を中心に幅広いメニューが揃う老舗。郷土色あふれる店内は常時満席。桜肉をまるごと堪能したければ、1日20食限定の桜づくしコース4950円～を。

☎0263-39-0141
🏠松本市中央1-7-17 毛利ビル1-2F
🕐11:30～14:00(LO13:30) 17:00～22:00
(LO21:30) 🈳無休 🚃JR松本駅から徒歩6分 🅿なし(近隣駐車場利用)

予約	可
予算	Ⓛ1100円～
	Ⓓ3500円～

オリジナルさくら鍋 1人前2970円
1人前から提供してくれるお鍋は、同じく長野県が名産のおろしリンゴと生卵で。絶妙なハーモニーが肉の甘みを引き立ててくれる。写真は2人前

↻赤身、霜降り、たてがみ、ハツ、レバーのさくら刺の5種盛り3630円

伝統の味を大切にしてきた
匠の技を味わう

愛され続ける
老舗のおとな時間

松本にはご当地グルメはもちろん、洋食、和食などさまざまなジャンルで昔からの独自の味を引き継いでいる名店が多い。

↑1階はカウンター席にボックス席、座敷席と多彩だ

↻店内には馬蹄や馬のオブジェ、絵画などが飾られている

伝統と格式ある優雅な個室で
一期一会の旬の料理を味わう

割烹 松本館

かっぽうまつもとかん

大手周辺 **MAP** 付録 P.16 C-2

登録有形文化財に登録の明治23年(1890)創業の老舗割烹。季節の懐石コースのほか、鯉こくや信州牛、馬刺しなどの郷土料理が味わえる。

☎0263-32-8000
🏠松本市丸の内7-39 🕐11:30～20:00
🈳不定休 🚃JR松本駅から車で5分 🅿あり

↻市内という立地からは想像できない静寂の空間がここにある

↑すべての個室がテーブル席か掘りごたつ席なのでゆったりくつろげる

予約	要
予算	Ⓛ5500円～
	Ⓓ1万1385円～

季節の彩り膳(あやめ)
8140円
季節の山と海の幸をふんだんに使った見た目も美しい昼限定のコース

ボルガライス
1550円
オムライス・チキンカツ・
ハヤシソースが一皿に

↑3階建て店舗の2階席

食と味のあるべき姿を守る
「時代遅れの洋食屋」

おきな堂
おきなどう

中町通り **MAP** 付録P.16 C-3

女鳥羽川を挟む四柱神社の向かい、創業昭和8年(1933)当時の建物を今もそのままに使っている。地元の素材にこだわり、手間を惜しむことなく洋食本来の味を守り続けている。

☎0263-32-0975
所松本市中央2-4-10 営11:00～15:00(LO)
17:30～20:30(LO) 日曜11:00～18:00(LO)
休第2・4水曜 交JR松本駅から徒歩10分
P契約駐車場利用

予約 可
予算 Ⓛ1500円～
　　 Ⓓ2000円～

↑一口食べると心の奥まで染みわたるほど懐かしく感じる味わいが人気の自家製プリン450円(左)、発酵食品のヨーグルトを食べて育った安曇野産ポークのポークステーキ1900円。脂身までさっぱりとしていて旨みが深い(右)

ほっこり田舎感が懐かしい風情
手料理にお腹も心も温まる

しづか

大手周辺 **MAP** 付録P.16 C-2

優しい笑顔と割烹着で出迎えてくれる女将さんに「帰ってきたよ」と言いたくなる、日本情緒たっぷりの空間。地元の人情が詰まった和み系居酒屋は郷土料理も幅広く揃う。

☎0263-32-0547
所松本市大手4-10-8 営12:00～21:30(LO、
ランチは～14:00) 休日曜、祝日
交JR松本駅から徒歩15分 Pあり

信州サーモンの
押し寿司 1320円
川魚料理も豊富。郷土
の味をぜひ

↑店の中央に置かれた囲炉裏が独特の風情を醸し出す(左)、おばあちゃんの家に帰ってきたような懐かしさを感じる店(右)

予約 可
予算 Ⓛ1650円～
　　 Ⓓ3850円～

ふと懐かしさを覚える空間が街歩きの楽しみを倍増させてくれる

レトロカフェで至福の一杯

1.土蔵をリノベーションした広々とした店内　2.ケーキセット（ケーキ＋コーヒーor紅茶）1100円でゆったりとくつろぎの時間を過ごせる　3.調度品が落ち着いた雰囲気を演出している　4.中町通りの拠点としてギャラリーや各種イベントなども開催される

1.松本民芸家具の創始者にして著名な木工家・池田三四郎が設計。民藝運動の柳宗悦からその空間美を絶賛された　2.ホームメイドレアチーズケーキはさっぱりして美味　3.「まるも旅館」の1階部分が茶房になっている

造り酒屋の蔵を移築再建した、街づくりの拠点

中町・蔵シック館SABO

なかまち・くらシックかんサボウ
中町通り **MAP** 付録P.16 C-3

予約	可
予算	620円〜

明治時代に建てられた蔵の中に松本民芸家具が調和して、クラシックな雰囲気を醸し出している。日本庭園を眺めながら挽きたての自家焙煎コーヒーとケーキ、蔵オリジナル緑茶と和菓子のセットなどが楽しめる。

☎070-4314-3735
所松本市中央2-9-15
営10:00〜17:00 11〜3月
10:30〜16:00 LOは各30分前　休不定休
交JR松本駅から徒歩10分
Pなし（近隣駐車場利用）

ヴィンテージ空間でじっくりゆるりと思索に耽りたい

珈琲まるも

こーひーまるも
中町通り **MAP** 付録P.16 C-3

予約	不可
予算	500円〜

松本民芸家具の創設者が手がけた旅館の一部を茶房として一般に開放。明治21年（1888）築の蔵造りの館を飾るシックな調度品と、品のよいクラシック音楽で、しばしのタイムトリップ。

☎0263-32-0115
所松本市中央3-3-10
営9:00〜16:00
休月・火曜
交JR松本駅から徒歩12分
Pなし

松本は城下町の面影がたっぷりと残る通りが多く、街歩きが楽しい。
散策途中に立ち寄れる昔ながらの喫茶店から新感覚のおしゃれな
カフェまで個性的なお店が点在している。

1.隠れ家的な雰囲気が魅力のsalon as salon。通称サロサロ　2.アイスクリームがのったバナナブレッド550円。対象ドリンクとの注文で50円引きになるセットもある　3.美容室「群青」の入口から2階へ上がる

1.ストレート珈琲1000円　2.松本民芸家具でまとめられた店内　3.人気のオリジナルシフォンケーキ590円（ケーキセットは1020円）　4.松本ホテル花月に併設された喫茶室

蔵の街並みを見下ろすくつろぎサロンカフェ

salon as salon

サロン アズ サロン

中町通り **MAP** 付録P.17 D-3

予約	不可
予算	950円〜

蔵造りの町家が続く中町通りに面した建物の2階。町家の雰囲気を生かしたシンプルなインテリア空間と、控えめな照明の穏やかな明かりがゆったりくつろげる雰囲気を演出している。

☎0263-34-1006
🏠松本市中央3-5-10 2F
🕐11:30〜17:30(LO17:00)
休月・火曜
🚃JR松本駅から徒歩15分
Ｐなし

こだわりのストレートコーヒーをじっくり味わって

喫茶室八十六温館

きっさしつやとろおんかん

大手周辺 **MAP** 付録P.16 C-2

予約	可
予算	500円〜

鮮度にこだわったコーヒー豆を、店名の由来にもなっている86℃のお湯で一杯一杯ていねいにネルで淹れるストレートコーヒー。目の前で一連の作業を確認できるのも魅力的だ。

☎0263-32-0114
（松本ホテル花月）
🏠松本市大手4-8-9
🕐7:00〜17:00（モーニング7:00〜10:00、ランチ11:00〜14:00）休無休　🚃JR松本駅から徒歩15分　Ｐあり

109

⊕個性的なグッズが手に入る
coto. coto.

工芸文化が育ったアートな街でのお買い物
作家モノのハイセンス雑貨

城下町として栄えた江戸時代の頃から手仕事が身近にあった工芸の街。
昭和には民藝運動が盛んになり、今も多くの作家が工房を構えている。

coto. coto.
コト. コト.
中町通り **MAP** 付録P.16 C-3

楽しむ、暮らしとアート
感性豊かな素敵なものをキャッチ

中町通りにある古いものと新しいもの
が調和した空間のおしゃれな店。こぢ
んまりとシンプルにまとまった店内に
は、日常の暮らしのなかで気軽にアー
トを取り入れられる感性豊かな雑貨が
並んでいる。

☎0263-34-4111
🏠松本市中央
3-4-19
🕙10:00〜17:30
🚫水曜
🚃JR松本駅から
徒歩15分
🅿️なし

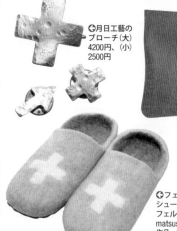

⊕月日工藝の
ブローチ（大）
4200円、（小）
2500円

⊕革製品作家「カンサビ」稲井浩志氏の作る
トートバッグ3万8880円

⊕月日工藝の個性的
な真鍮のアクセサ
リー。ピアス8900円

⊕フェルト製ルーム
シューズ。兵庫在住の
フェルト作家・sayuri
matsushita(sol.)氏の
作品。1万6740円〜

ギャルリ灰月

ギャルリかいげつ
松本駅周辺 **MAP** 付録P.16 B-3

洗練された作品をじっくり選ぶ
作家の一点ものを探す旅

全国から集められた作家作品を、企画
と常設に分けて展示している。陶器か
らアクセサリー、洋服まで幅が広く、
一生もののアイテムも見つかる。日々
の暮らしをていねいに送りたくなるよ
うな、店主のセレクトが魅力。

☎0263-38-0022
所松本市中央2-2-
6 高美書店2F
営11:00〜18:00
休水曜
交JR松本駅から
徒歩6分
Pなし
(近隣駐車場利用)

⬆mamerucuさんの丸ポー
チ各1980円

⬆三野直子さんのガ
ラスのリングホルダー
2個セット3850円

⬆⬆リトアニアの木
のコースター各770円

⬆土そのものの素材のよさを生
かす尾形アツシさんの器6480円

⬆店が懇意にしている作家を想像しながら買い物を

作家モノのハイセンス雑貨

三谷龍二 木の器10cm

みたにりゅうじ きのうつわ じゅっセンチ
松本駅周辺 **MAP** 付録P.16 A-2

やさしい木肌にぬくもりを感じる
普段使いの器

工芸と暮らしを結ぶ活動を続ける木工
デザイナー・三谷龍二氏のギャラリー。
古いたばこ屋をそのまま生かした建物
からは不思議と温かみが伝わってくる。
自然の無垢の木から生まれた食器は使
うほどに色艶と味わいを深めていく。

☎0263-88-6210
所松本市大手2-4-
37 営11:00〜
18:00 休月〜木
曜 交JR松本駅
から徒歩7分
Pあり

⬆ギャラリースペー
スでは企画展も開催
される

⬆食器を通じて生
活に豊かさを加え
ていく。日々の暮ら
しによりていねい
に向き合いたくな
るアイテムが並ぶ

⬆フランス製の小さな自転車が看板がわり

伝統に裏付けされた美の感性
洗練された民芸家具

松本のショップや飲食店でレトロ感の演出に一役買っているのが民芸家具や
調度品の数々。民芸の心が息づく街・松本で民芸の魅力にふれてみよう。

「松本民芸家具」のこと

柳宗悦の民藝運動に感銘を受けた、松本民芸家具の創始者・池田三四郎。高度な技術を持つ木工職人を集め、手仕事による和風洋家具の製作を開始した。その製品群は、完成されたデザインと使い込むほどに味が出る本物志向が特徴だ。

手仕事の価値を伝える
300年の歴史を持つ家具工房

松本民芸家具
中央民芸ショールーム

まつもとみんげいかぐ ちゅうおうみんげいショールーム

中町通り **MAP** 付録P.16 C-3

欧米クラシック家具のデザインを踏襲した頑丈なフォルムの松本民芸家具。熟練の職人たちが作り出す製品400点を展示。ひとつひとつていねいに手仕事が施され、使うほどに味わいが深くなる色合いに魅了されるファンは多い。

☎0263-33-5760
🏠松本市中央3-2-12
🕘9:30～18:00
休無休
🚃JR松本駅から徒歩
10分 Pなし

↪なまこ壁の蔵造りの外観は、中町通りの歴史的景観のなかでも目を引くたたずまいだ

↑1階は洋風、2階は和風の家具を中心に展示。オリジナル製品の制作もできる

↑8回の漆塗りを施した家具は独特の艶があり品格を漂わせる

↑松本民芸家具を代表するウインザーチェア。アーチバックアームチェア19万2500円

↑↩A型布張ラダーバックチェア13万2000円(左)、#91型キャプテンチェア13万7500円(下)

工芸の街で出会うとっておきの作品
職人の魂が宿る工芸品

毎年5月を「工芸月間」とするなど、工芸が盛んな街として知られる松本。
通りを歩けば古き良き時代の気配が漂い、伝統作品と出会える。

⬆「飾りたくなる箒」として
人気の高い松本箒

卓越した職人技が光る
日々の暮らしを彩るモノたち

工藝マエストロ
こうげいマエストロ

中町通り **MAP** 付録P.16 C-3

陶磁器や木漆器、竹細工、ガラスな
ど県外のものも含め、優れた作家の
工芸品を多数展示する。その技の素
晴らしさに日本の美学を感じるはず。
日常的に使えるものも多く、使い込
むほどに愛着が湧きそうだ。

☎0263-33-7895
🏠松本市中央3-2-15
🕙10:30(展示会開催時
10:00〜18:00
休不定休 🚃JR松本駅
から徒歩11分 🅿なし

⬆主人の鋭い審美眼
が光る品揃えが魅力
のお店

⬆シンプル・イズ・ベスト
が形になった檜の杓文字
1本1100円

⬆和みの日本が感じられ
る、染付け飯碗2970円

⬆木曽路の職人
が作り上げた艶
やかな小判弁当
8800円

⬆どれも器の持つ力を感じさせる

下駄、草履など和装履物全般を
多数取り揃えている

木曽の銘木から作られる
伝統のねずこ下駄

おはきもの 矢口本店
おはきもの やぐちほんてん

中町通り **MAP** 付録P.16 C-3

中町通りに店を構える和装履物専門
店。木曽銘木のねずこ下駄は、軽い
うえに堅くて丈夫で水にも強いので
古くから愛されてきた。鼻緒も色と
りどりのデザインを揃えていて、好
みのものを自由に選んだら足に合わ
せてすげてくれる。

☎0263-32-0728 🏠松本市中央3-5-5
🕙9:00〜18:00 休水曜、ほか不定休あり
🚃JR松本駅から徒歩15分
🅿なし(近隣駐車場利用)

⬆女性ねずこ下駄船形M
サイズ市松6700円。下駄
は足の裏を刺激するので
健康にもよいといわれる

⬆子ども用ねずこ
下駄3800円。幼少
期から下駄を履く
と足が丈夫になる

⬆正保4年
(1647)、江
戸時代創業
の老舗

A Chez Momo
シェモモ

縄手通り周辺 **MAP** 付録P.17 D-2

**信州の新鮮フルーツから作る
コンフィチュール専門店**

女鳥羽川沿いにあるおしゃれで小さな
店。甘い香りが漂う店内にはオリジナ
ルのコンフィチュールがズラリ。手作
りの砂糖菓子や焼き菓子も大人気。

☎0263-32-2968
🏠松本市大手4-4-16
百々屋1F
🕙10:00〜18:00
❌水・木曜、ほか不
定休 🚃JR松本駅
から徒歩15分
🅿なし

B 山屋御飴所
やまやおんあめどころ

松本駅周辺 **MAP** 付録P.16A-2

**手作りの飴の風味が味わえる
江戸時代創業の老舗の飴屋さん**

寛文12年(1672)創業以来、飴作り一筋
にその味を守り続けている。地元で愛
されてきた伝統の製品は、おみやげ品
として松本らしさが伝わる逸品揃い。

☎0263-32-4848
🏠松本市大手2-1-5
🕙9:30〜17:30
❌水曜
🚃JR松本駅から徒
歩7分
🅿あり(2台)

C 三代澤酒店
みよさわさけてん

大手周辺 **MAP** 付録P.16 C-2

**地酒とワインの品揃えが豊富
信州産にこだわった老舗酒店**

大正13年(1924)から続く酒屋。蔵造り
の趣深い店内には信州産のおいしいお
酒にこだわった、地酒、ワインなどの
厳選された品が並んでいる。

☎0263-32-1525
🏠松本市大手4-9-11
🕙10:00〜18:30
❌日曜、祝日
🚃JR松本駅から徒
歩15分
🅿あり

松本 ● 買う

A コンフィチュール
小500円〜(左)、
大1000円〜(右)
信州の旬のフルーツを使った「リン
ゴ×ラズベリー」などのジャム

A 焼き菓子
レモンケーキ
230円
(1本2300円)
みっちりと詰まったパ
ウンドタイプのレモン
ケーキ

A シュークルノア 350円
クルミに砂糖を絡ませたシン
プルなお菓子

贈って喜ばれる厳選の逸品
松本の
グルメみやげ

伝統の技から生まれる老舗の逸品から、自然が豊かな
この土地ならではの特産品など、グルメみやげも充実。

C 山辺ワイナリー
コンコード甘口
1450円
甘く華やかな味わい
で重厚感のある香り
が楽しめる(720㎖)

C 大信州 手いっぱい
3080円
できる限り「手いっぱい」
に手塩をかけた純米大吟
醸(720㎖)

B 板あめミックス600円(左)、
御飴ミックス600円(右)
おみやげにも喜ばれる、かわい
い小箱に入った3種のアソート

B 堂々水飴 600円
昔ながらの素朴な味わい。砂糖が
わりに普段の料理や菓子作りにも

B 板あめ 600円
パリパリとした軽い
食感で煎餅のように
食べられる、一番人
気の飴

C 岩波 鏡花水月
1540円
安曇野産の米と信州の
清冽な水で醸造した純
米吟醸生酒(720㎖)

D 白鳥の湖
1836円
やわらかな食感が
好評のシナモン風
味のソフトクッ
キー(16枚入り)
※価格変更の場合あり

D ピケニケカステラ 2582円
カステラを手軽に持ち運べるように一切
れずつパックした人気商品(12個入り)

D 開運老松 1188円
小豆とニッキの組み合わ
せが独特で、絶妙な味
わいの信州松本を
代表する銘菓

E 信州おやき
各230〜250円
旨みが引き立つ薄皮で
たくさんの具を包んだ
おやき。近年登場した
肉おやきも好評だ

E 野沢菜漬(本漬)
たまり漬540円
こっくりとした飴色と、本漬け
ならではの深みと香りが特徴

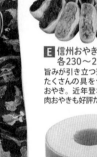

E やま仙漬
432円
パリパリ食感で
あっさり。干し
大根の浅漬けは
新感覚の漬物

E 信州地大根
378円
人気No.1商品。松本近郊で収
穫される硬めの大根は、独特
の歯ごたえと香り、味わいが
ある

F みのり
2500円(ホール)
米粉を使用した、定番
にして極上の一品

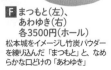

F てまりん
3500円
小布施栗を使
用した愛らし
い形が特徴

F まつもと(左)、
あわゆき(右)
各3500円(ホール)
松本城をイメージし竹炭パウダー
を練り込んだ「まつもと」と、なめ
らかな口どけの「あわゆき」

D 開運堂 本店
かいうんどう ほんてん
松本駅周辺 MAP 付録P.16 B-3

信州を代表する銘菓の数々
老舗菓子店の和菓子・洋菓子

130年余り菓子業を営んできた老舗。乾
燥する内陸的な気候の松本は、茶菓を
口にする習慣があり、古くから庶民に
親しまれる菓子作りに努めてきた。

☎0263-32-0506
所松本市中央2-2-15
🕐9:00〜18:00
休無休
交JR松本駅から徒
歩7分 Pあり

E 水城漬物工房
みずしろつけものこうぼう
大手周辺 MAP 付録P.17 D-2

新鮮素材を大切に
伝統製法で旨みを染み込ませる

創業から70年以上、国産野菜を使った
漬物にこだわってきた老舗。伝統と昔
ながらの味を守り、新鮮な野菜の味を
大切にしている。

☎0263-33-2310
所松本市大手4-12-16
🕐10:00〜17:00
休水曜
交JR松本駅から徒
歩15分 Pあり

F てまりや

中町通り MAP 付録P.16 B-3

甘い香りに誘われる
中町のバウムクーヘン専門店

長野県産の米粉などを使い、店舗奥で
焼き上げるバウムクーヘンはもっちり
とした食感。見た目もかわいらしく、
もらってうれしいギフトセットも。

☎0263-39-5858
所松本市中央2-4-15
謝藍ビル
🕐10:00〜17:00
休不定休
交JR松本駅から徒
歩10分 Pなし

松本●周辺の街とスポット

広々とした天然白木の浴槽と
高い天井が特徴の内湯

城下町に湧く
歴史ある名湯
浅間温泉
あさまおんせん

1300年の名湯の歴史を今に残す
老舗旅館から、伝統と調和した
モダンな宿まで揃う。旅のスタ
イルに合わせた宿を選びたい。

殿様から文人までも親しんだ
やわらかな名湯に身を任せる

松本の奥座敷に広がる浅間温泉は
平安時代から湯治場として知られる名
湯。江戸時代には松本藩の御殿湯とし
て守られ、明治以降は若山牧水や与謝
野晶子、竹久夢二ら多くの文人も訪れ
ている。

ACCESS

バス JR松本駅からぐるっとまつもとバス・浅間線で
中浅間まで19分、浅間温泉まで27分、ホットプラザ
浅間前まで28分
車 JR松本駅から国道143号経由で5km

界 松本
かいまつもと
MAP 付録P.13 E-4

五感で松本を堪能する宿
8種13通りの湯浴みが魅力

星野リゾートの温泉旅館ブランド「界」
の宿。信州ワインとのマリアージュが
楽しめる和会席や、毎晩開催される生
演奏が好評。26室のうち15室に客室
露天風呂が付く。

☎050-3134-8092(界予約センター)
所松本市浅間温泉1-31-1
交ホットプラザ浅間前バス停からすぐ
Pあり in15:00 out12:00 室26室
予約 1泊2食付3万1000円〜

↑心地よい風を感
じつつ、湯浴みを
楽しむ露天風呂

↗現代建築家の先鋭
的なデザインが特徴
の外観

↑楽器をイメージしたオブジェやスピーカーな
ど音楽を楽しめるオーディオクラフトルーム

↗ロビーでは毎晩ク
ラシックやジャズの
演奏が楽しめる。コン
サートの時間帯はワ
インバーもオープン

↑松本てまりをモチーフにした、美しい八寸

↗ワインと
和牛を贅沢
に味わう「ワ
インすき鍋
会席」

onsen hotel OMOTO

オンセン ホテル オモト

MAP 付録P.13 E-3

自慢の大浴場や客室から 山々と松本の街を一望

旅館の贅沢とホテルの身軽さ、両方を兼ね備えた新しいスタイルの宿。最上階にある大浴場からは、北アルプスの山々と松本市街が一望できる。温泉を満喫し、松本での自由な滞在が可能。

☎0263-46-2385
㊟松本市浅間温泉3-13-10 ☒浅間温泉バス停から徒歩3分 ㉟あり in15:00 out10:00 ☖36室 ㊝1泊朝食付9900円〜1万5400円（税・サービス料別）

↑最上階にある大浴場からの眺望が自慢

→最上階にある展望サウナ（男女入替制、利用の詳細はHPで要確認）

→幅広い年齢に人気の和洋室。松本の夜景も望める

ホテル玉之湯

ホテルたまのゆ

MAP 付録P.13 D-4

貸切の展望露天風呂で 信州の星空と温泉を満喫

明治18年（1885）創業の和風モダンの宿。16タイプある客室、4つの貸切風呂など、バリアフリー設計で幅広い層に対応。宿泊者は5階にある貸切露天風呂が無料で利用でき、信州の星空を堪能しながらゆっくり温泉に浸かれる。

☎0263-46-0573
㊟松本市浅間温泉1-28-16 ☒中浅間バス停からすぐ ㉟あり in15:00 out10:00 ☖35室（全室禁煙）㊝1泊2食付1万7750円〜

↑屋上には3つの貸切展望露天風呂があり、開放感もたっぷり

→信州の味覚を堪能できる料理が味わえる

話題のリノベスポットをチェック

松本十帖　まつもとじゅうじょう

MAP 付録P.13 E-3

旅と読書を楽しむリノベーション施設

貞享3年（1686）創業の老舗旅館を改装した2つのホテル「小柳」と「松本本箱」を中核とし、カフェやレストラン、ブックストアなどが集まる。

☎0570-001-810（11:00〜17:00）
㊟松本市浅間温泉3-15-17 ㊝施設により異なる ☒浅間温泉バス停から徒歩3分 ㉟あり

↑宿泊が可能（㊝1泊2食付2万4108円〜）「松本本箱」は、かつての大浴場を利用したユニークなブックストア

↑「松本本箱」の客室は、すべてかけ流し露天風呂付き

→グリルダイニング「三六五＋二」でランチを楽しむ

Map labels: 飯田屋別館 / 湯薬師 / 富本の湯 / onsen hotel OMOTO / みやま荘 / 富士之湯 / 西宮恵比須神社 / 恵勝寺 / 地本屋 / 松本十帖 / 伊東園 浅間の湯 / 浅間温泉文化センター / 松本本箱 / 小柳 / よしの湯 / 梅の湯 / ひなの湯 / 文化センター前 / 湯坂 / 仙気の湯 / 椿の湯 / 浅間温泉文化センター前 / ホットプラザ浅間 / 尾上の湯 / 別亭一花 / 中浅間 / 目之湯 / 庚申堂 / 下浅間広場 / ゆもとや / 界 松本 / ホテル玉之湯 / 和泉荘 / 菊之湯 / 中浅間 / 東石川 / 下浅間 / 松本市街 / 美ヶ原温泉 / N / 0 100m

浅間温泉

117

北アルプスを一望する高台の名湯

美ヶ原温泉

うつくしがはらおんせん

『日本書紀』に「束間温湯」として登場し、
1000年以上も愛され続けている
美ヶ原温泉。こんこんと湧き出る
豊かな古湯を楽しみたい。

松本城主の保養地だった
歴史と伝統ある温泉街

　情緒ある和風の老舗温泉宿の多い美ヶ原温泉。奈良時代に開湯したと伝わり、江戸時代には歴代松本城主の御殿の湯があった地でもある。風情ある街並みは、松本市景観百選のひとつにも選ばれている。

↑北アルプスの景色を水面に映す水鏡の湯。展望風呂「美しの湯」

ACCESS

バス JR松本駅から徒歩1分の松本バスターミナルからぐるっとまつもとバス・美ヶ原温泉線で翔峰前まで19分、美ヶ原温泉まで21分
車 JR松本駅から国道143号、県道284号経由で5km

松本●周辺の街とスポット

翔 峰
しょうほう
MAP 本書P.3 E-4
多彩な湯と眺望を満喫
展望風呂「美しの湯」をはじめ、露天風呂やジャクジーなど、趣の異なる7つのお風呂で湯めぐりが楽しめる。しつらえを極めた客室から、松本の街並みを一望できるのも魅力。
☎0263-38-7755
所松本市里山辺527　交翔峰前バス停からすぐ
P150台　in15:00　out10:00
室95室　予算1泊2食付2万1050円〜

↑四季を感じる情景を眼前にしてくつろげる内湯・露天風呂

⤷雄大な景色を眺めながら入浴できる展望風呂、リビングテラス付き客室

↑北アルプスと城下町を一望

↑日帰り入浴ができる貸切風呂「木もれ日の湯」

↑貸切風呂は青石の露天風呂と檜の内湯を併設

↑こげ茶色の梁が温かみを感じさせる客室。写真は新館の風呂付き8畳

湯宿 和泉屋善兵衛
ゆやどいずみやぜんべえ
MAP 本書P.3 E-4
天然温泉とそばが自慢
創業130年余りの民芸蔵造りの老舗旅館。加水しない100%の天然温泉と、手打ちのそばが味わえる。好みで料理を選べる夕食も好評。貸切風呂の立ち寄り湯も楽しめる。
☎0263-32-2043
所松本市里山辺451　交美ヶ原温泉バス停から徒歩3分
P30台　in14:00　out11:00　室13室(日によって変動あり)　予算1泊2食付1万6500円〜

⤷松本城下を思わせる民芸蔵造り。現在の建物は平成2年(1990)完成

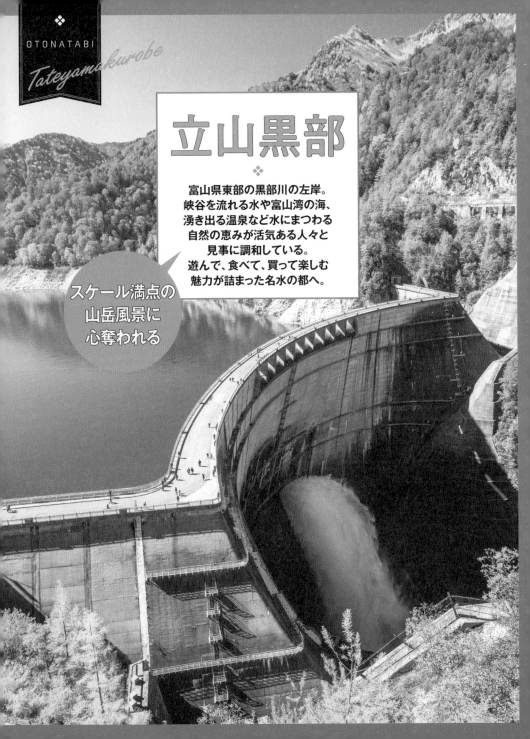

立山黒部

富山県東部の黒部川の左岸。
峡谷を流れる水や富山湾の海、
湧き出る温泉など水にまつわる
自然の恵みが活気ある人々と
見事に調和している。
遊んで、食べて、買って楽しむ
魅力が詰まった名水の都へ。

スケール満点の
山岳風景に
心奪われる

エリアと観光のポイント ❖

立山黒部はこんなところです

間近に迫る峰々や巨大な黒部ダムが魅力の立山黒部アルペンルート。
長野県側の玄関口・大町市を起点に黒部のパワフルな自然のなかへ。

立山黒部

人気の山岳観光ルート

立山黒部アルペンルート ➡ P.122
たてやまくろべアルペンルート

多彩な乗り物を乗り継いで、気軽に標高2000m以上の雲上世界を満喫できる総延長約37.2kmの山岳観光ルート。

| 観光のポイント | タンボ平 P.131
みくりが池 P.132 |

⬆大観峰から黒部湖や雄大な山々を見渡す。新緑や紅葉の季節はいっそう美しい景観に

⬆標高2450m、立山黒部アルペンルートで最も高い位置にある室堂平。夏には高山植物が咲く

日本を代表する巨大ダム

黒部ダム ➡ P.126
くろべダム

黒部川の上流に造られた日本一の高さを誇るアーチ式ダム。夏から秋の観光放水や山の自然風景も魅力的。

⬆大自然のなかで悠然と水をたたえるダム湖の黒部湖

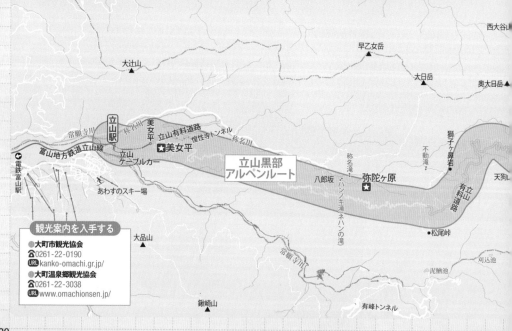

観光案内を入手する

● 大町市観光協会
☎0261-22-0190
URL kanko-omachi.gr.jp/

● 大町温泉郷観光協会
☎0261-22-3038
URL www.omachionsen.jp/

北アルプス連なる景勝地
大町 →P.136
おおまち

立山黒部アルペンルートの玄関口。3つの美しい湖もありアウトドアレジャーが盛ん。温泉もある。

**観光の
ポイント** 市立大町山岳博物館 P.136
霊松寺 P.137

↑秋になると真っ赤に色づく霊松寺の紅葉は壮観

アルペンルートの最寄駅
信濃大町駅周辺
しなのおおまちえきしゅうへん

JR大糸線の駅。駅前からアルペンルート長野側の出発地・扇沢と大町温泉郷行きのバスが出ている。

↑待合室で駅そばが味わえ、駅前に素朴な商店街がある

大町の観光拠点にも便利
大町温泉郷 →P.138
おおまちおんせんきょう

扇沢のほど近くにある温泉地。白樺などの林に囲まれ、多彩な温泉旅館が点在している。

↑高瀬渓谷の葛温泉を引湯している
写真提供:長野県観光機構

お役立ち information

主要エリア間の交通

鉄道・バス

扇沢
↑路線バスで約35分
信濃大町駅
↑JR大糸線で約30分
穂高駅

浅間温泉
↑JR大糸線で
約30分　↑路線バスで約25分
松本駅・松本バスターミナル
↑松本電鉄上高地線で約30分
新島々駅
↑路線バスで
約1時間5分　↑路線バスで
約40分
　　　　さわんど
　　　　バスターミナル
上高地
バスターミナル　↑路線バスで
約15分
　　　　白骨温泉

車

扇沢
↑県道474・45号経由で18km
信濃大町駅
↑国道147号経由で20km
穂高駅
↑県道310号、国道147号経由で8km
安曇野IC
↑県道284号、国道143号、
県道57号経由で11km
長野道経由で8km　浅間温泉
↑国道143号、県道67号、
やまびこ道路経由で5km
松本駅
↑国道158・143号経由で3km
松本IC
↑国道158号経由で33km
沢渡駐車場地区
↑シャトルバスで
約30分　↑県道300号、国道
158号経由で6km
上高地
バスターミナル　白骨温泉

黒部の移動手段

トロリーバスやケーブルカー、ロープウェイなど、環境に配慮した6種類のさまざまな乗り物があり、ルートの特色に合わせて運行されている。北アルプス連山が見せる四季折々の絶景を楽しみながら各所の見どころへ。乗り換えの時間などをうまく使って旅のプランを練ろう。

立山黒部はこんなところです

総延長37.2kmの旅へ

たてやまくろべアルペンルート

立山黒部アルペンルート

トロリーバスやケーブルカーを乗り継いで、
標高3000m級の北アルプスの山懐へ。
雲上でしか味わえない絶景が待っている。

春の雪の大谷
アルペンルートの春の風物詩。
開通直後の4月中旬、高さ
20mに迫る雪の壁が、室堂近
くの沿道にそそり立つ。

立山黒部●立山黒部アルペンルート

世界屈指の山岳観光ルート
多様な乗り物で雲上世界へ

　長野県大町市と富山県立山町を
結び、北アルプスを貫く山岳観光ル
ート（総延長37.2km）。3000m級の
峰々が眼前に迫る高地へ、乗り物を
使って気軽に行ける。移動に使う個
性的な乗り物の数々も魅力。春は巨
大な雪の壁、夏は高山植物の花畑、
秋の紅葉と、季節により違った楽し
みがある。

立山黒部
アルペンルート
たてやまくろべアルペンルート

MAP 付録P.18-19

所 富山県立山町芦峅寺
期 4月中旬～11月下旬
交 JR信濃大町駅から扇沢まで車で40分、電
鉄富山駅から立山駅まで富山地方鉄道で1時
間　P あり（扇沢～立山駅間はマイカーの乗
り入れ不可）※繁忙期は臨時駐車場を開設
URL www.alpen-route.com

美女平 ➡P.135
びじょだいら

立山杉の巨木やブ
ナの原生林が広が
る。駅近くに地名
の由来となった美
女杉がそびえる。

室堂平 ➡P.132
むろどうだいら

アルペンルートの最
高所。みくりが池な
どの見どころや、立
山の宿泊施設が集ま
る中心スポット。

★称名滝 P.23

★天狗平
立山
高原ホ
P.124

立山駅

立山有料道路
二ノ谷性寺トンネル

常願寺川

秤名川

富山地方鉄道
立山線

美女平

ハンノキ滝
ソウメンの滝

不動滝

立山有料道路

大品山▲

松尾峠

常願寺川

泥鰌池

刈込池

立山駅
たてやまえき

標高475mの富山県側の
玄関口。富山地方鉄道と
接続している。

弥陀ヶ原 ➡P.134
みだがはら

視界の開けた高原の湿原。
木道が整備され、夏には
ワタスゲが白い穂を揺ら
す。雲海の美景も有名。

夏のみくりが池
7月上旬頃、解け始めた雪の間に現れた水面に立山連峰が映し出される。7〜9月は周辺に高山植物が花を咲かせる。

秋の大観峰
大観峰駅の雲上テラスから紅葉に染まる山と黒部湖を一望。9月下旬〜10月中旬が見頃。

大観峰 ➡ P.131
だいかんぼう
後立山連峰のパノラマと黒部湖を望む、ルート随一の景勝地。

黒部平 ➡ P.130
くろべだいら
標高1828mの駅を出ると整備された庭園がある。植物観察園も必見。

★ 室堂ターミナル P.133

立山トンネルトロリーバス

★ 黒部宇奈月キャニオンルート P.21
P.125
関電トンネル電気バス

龍王岳▲
鬼岳▲

大観峰

黒部平

赤沢岳

扇沢

N

0　　　　2km

黒部川

黒部トンネル

黒部ダム ➡ P.126
くろべダム
日本一の高さを誇る人気の巨大ダム。目玉の観光放水は、迫力満点。

扇沢
おうぎざわ
標高1433mの長野県側の玄関口。車で行けるのはここまで。

お役立ち information

プランニングが大事！

立山連峰、後立山連峰にかけて横断する観光ルートの総距離は約37km。異なる交通機関を乗り継いで移動する。待ち時間や散策時間、食事の時間を考えながらプランニングして充実した旅に。

⬆散策の時間も予定に入れておこう

アルペンルートの開通期間をチェック

開通期間は4月中旬〜11月末。年ごとの日程は公式HPなどで確認しよう。

アルペンルートの所要時間は？

立山駅から扇沢へ抜ける、あるいは扇沢と室堂を往復するのに6〜7時間は必要。繁忙期は特に余裕をもった計画を。

⬆全線地下で、最大斜度31度を進む黒部ケーブルカー

観光情報を得る

各公式HPに詳細情報を掲載。現地では、扇沢や立山の駅案内所、自然関連は立山自然保護センター(P.133)で情報収集できる。

● くろよん総合予約センター
（扇沢〜黒部ダム間）
☎0261-22-0804 ※4月15日〜11月30日8:40〜17:30、12月1日〜4月14日(土・日曜、祝日休)8:40〜16:40
🏠長野県大町市平2010-17
URL www.kurobe-dam.com

● 立山黒部総合案内センター(黒部湖〜立山駅間)
☎076-481-1500(8:30〜16:30、12月1日〜4月14日は土・日曜、祝日休)
🏠富山県富山市稲荷町2-34
URL www.alpen-route.com

ルート上の宿泊＆食事

アルペンルートを通り抜ける場合の移動時間の目安は約3時間。ルート上に複数目的地がある場合やじっくり散策したいときは、途中で宿泊して散策時間を確保したい。宿泊施設は室堂平・弥陀ヶ原・天狗平の3カ所に。食事は黒部湖・大観峰・美女平以外の各駅や宿泊施設の飲食店で食べられるので、旅のスタイルに合わせて計画しよう。

➡室堂平にはホテルや温泉宿も

マイカーの回送サービス

目的地で折り返さず通り抜ける場合はすべての見どころを楽しむことも可能。アルペンルートはマイカー規制エリアのため、車の回送サービスが便利。駅で車を預け、反対側の駅で受け取れるサービス。料金の目安は普通車1台で3万円前後。事前に確認して利用しよう。

➡長野側玄関口の扇沢。施設前に駐車して電気バスで出発

● 大町トラフィック　☎0120-233-454
● 立山トラフィックサービス　☎0120-182-200
● 三渓社　☎0120-123-836

立山黒部の移動はこれで決まり

6種類の交通手段
乗って遊ぶ旅

立山黒部アルペンルートを結ぶ6種の乗り物。
山を越え、トンネルを抜けて、山岳地帯を走るのは、
環境にやさしい個性派の乗り物ばかり。

◆360度の大パノラマを満喫できる立山ロープウェイ

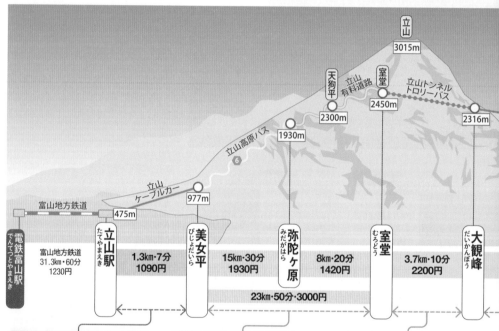

立山 3015m

天狗平 2300m

立山有料道路

室堂 2450m

立山トンネル
トロリーバス

2316m

立山高原バス 6

1930m

立山
ケーブルカー

977m

富山地方鉄道

475m

電鉄富山駅
でんてつとやまえき

立山駅
たてやまえき

富山地方鉄道
31.3km・60分
1230円

1.3km・7分
1090円

美女平
びじょだいら

15km・30分
1930円

弥陀ヶ原
みだがはら

8km・20分
1420円

室堂
むろどう

3.7km・10分
2200円

大観峰
だいかんぼう

23km・50分・3000円

立山ケーブルカー
たてやまケーブルカー

平均斜度24度の急勾配を2台の車両
が上り下り。車両には、大きな荷物を
積める荷台が付いている。

立山高原バス
たてやまこうげんバス

ハイブリッドなど環境に配慮した車両。
途中下車するときは乗車前に伝え、降
車ボタンを押して降りる。

立山トンネルトロリーバス
たてやまトンネルトロリーバス

立山の主峰・雄山を貫く立山トンネル
を走る、電気式のトロリーバス。山頂
の真下で上下線がすれ違う。

立山の貴重な自然を守るため
選ばれたユニークな乗り物

　種類豊富な乗り物に乗れるのも、立山黒部アルペンルートならではの楽しみ。ケーブルカーやロープウェイなど、扇沢から立山駅までを6種の乗り物でつないでいる。石油燃料不要の電気式のトロリーバス、山に支柱を立てずに走るロープウェイなど、環境への配慮から選ばれた珍しい乗り物が多い。アルプスが眼前に迫るロープウェイの眺望も魅力的だ。乗り物にもこだわって旅のプランを立ててみよう。

※2023年10月現在の情報です。公式HPなどで事前に確認してください

交通information

経路＆運賃
JR信濃大町駅に降り立ったら、目指すはルート玄関口の扇沢。ここから各交通機関を乗り継いで移動する。通り抜ける場合の料金の目安は、マイカー規制区間の扇沢〜立山駅間で1万940円。信濃大町駅〜電鉄富山駅を通り抜ける場合は1万3820円。

チケットの種類と購入方法
当日、扇沢・立山駅で立山黒部アルペンルート内の片道、往復の切符が購入可能だが、公式前売りきっぷ「立山黒部アルペンルート WEBきっぷ」を購入すると、当日きっぷ売り場に並ぶ必要がなく便利なので、利用したい。

便利なバス
●室堂〜電鉄富山駅を乗り換えなしで行く富山地方鉄道「夏山バス」。片道4800円、往復9000円（予約制）。
※2024年度の運行はHPで要確認
☎076-442-8122
（富山地鉄乗車券センター）

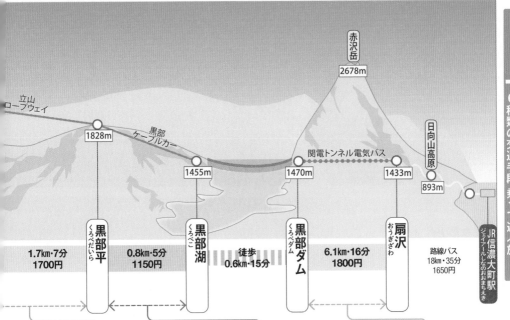

赤沢岳
2678m

立山ロープウェイ
1828m

黒部ケーブルカー
1455m

関電トンネル電気バス

1470m

1433m

日向山高原
893m

黒部平　くろべだいら
1.7km・7分
1700円

黒部湖　くろべこ
0.8km・5分
1150円

徒歩
0.6km・15分

黒部ダム　くろべダム
6.1km・16分
1800円

扇沢　おうぎざわ

路線バス
18km・35分
1650円

JR信濃大町駅　ジェイアールしなのおおまちえき

6種類の交通手段 乗って遊ぶ旅

立山ロープウェイ
たてやまロープウェイ

環境と景観配慮のため支柱が一本もない。大観峰や後立山連峰など、パノラマの絶景が車窓に広がる。

黒部ケーブルカー
くろべケーブルカー

標高差約400mを結び、トンネル内を走る。最大勾配31度。日本で唯一、全線を地下で走るケーブルカー。

関電トンネル電気バス
かんでんトンネルでんきバス

関電トンネルトロリーバスに代わり運行を開始。最新技術を搭載した関電トンネル電気バス。

125

日本一の高さを誇り見どころがたくさんある

圧巻の黒部ダムへ

国内外から年間約100万人の旅行者が訪れる人気観光地。
高さ日本一のダムの大迫力を間近で感じる。

そのスケールに圧倒
日本屈指の巨大ダム

　高さ186mの日本一高いアーチ式
ダム。関西電力の黒部川第四発電
所のダムのため、通称は「くろよん」。
総貯水量は約2億㎥に及ぶ。夏から
秋に行われる、迫力満点の観光放水
が特に人気を呼んでいる。

↑険しい渓谷の地形を利用し、
水をせき止めてダムが造られた

立山黒部・立山黒部アルペンルート

黒部ダム

くろべダム

MAP 付録P.18 B-4

標高:黒部ダム駅1470m、黒部湖駅1455m
ダム基本データ:ダムえん堤高186m、えん堤体
積158万㎥、総貯水量 約2億㎥
所富山県中新川郡立山町
観観光期間4/15～11/30
料見学無料
交扇沢から関電トンネル電気バスで16分　立山
駅から立山ケーブルカー、立山高原バス、立山ト
ンネルトロリーバス、立山ロープウェイ、黒部
ケーブルカーを乗り継いで黒部湖駅まで約3時間。
黒部湖駅からすぐ
URL www.kurobe-dam.com

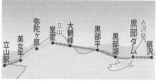

立山駅　美女平　弥陀ヶ原　大観峰　室堂　立山　黒部平　黒部湖　黒部ダム　赤沢岳　扇沢

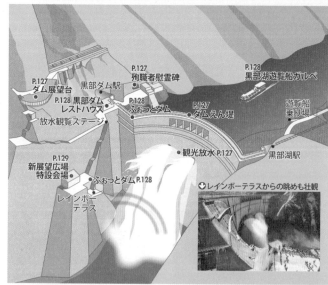

P.127 ダム展望台
P.128 黒部ダム
レストハウス
放水観覧ステージ
黒部ダム駅
P.127 殉職者慰霊碑
P.128 ふぉっとダム
P.127 ダムえん堤
P.128 黒部湖遊覧船ガルベ
遊覧船
乗り場
黒部湖駅
観光放水 P.127
新展望広場
特設会場
ふぉっとダム P.128
レインボー
テラス

↑レインボーテラスからの眺めも壮観

ダム展望台
ダムてんぼうだい
MAP 付録P.18 C-3

黒部ダムをまるごと俯瞰

ダムの全景や北アルプスが見渡せ、放水の様子が見下ろせる。黒部ダム駅の構内から220段の階段を上ると到着。野外階段を下りれば、さまざまな高さから眺望できる。
❎黒部ダム駅から徒歩10分

↑周辺の山々とダムを眺望。放水を見下ろす位置にあり、写真撮影に絶好のスポットだ

↑ダム展望台にある水飲み場。夏でも冷たいアルプスの湧き水が飲める

観光放水
かんこうほうすい
MAP 付録P.18 B-4

黒部ダムの人気イベント

毎年6月26日〜10月15日に行われ、毎秒10t以上の水が轟音と水煙を上げて放出される。えん堤や展望台など、さまざまな角度から見学できる。
🕐6/26〜10/15の期間 6/26〜7/31は6:00〜17:30、8/1〜9/10は6:30〜17:00、9/11〜10/15は7:00〜16:30

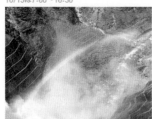
↑午前中の晴れ間などには、きれいな虹がかかることもあり、放水をより美しく演出してくれる

↑ダムえん堤、ダム展望台のほかに、放水観覧ステージやレインボーテラスでも放水風景を楽しめる

ダムえん堤
ダムえんてい
MAP 付録P.18 B-4

ダムの大きさを実感するえん堤

長さ492mのえん堤の上を歩いて渡れる。新緑や紅葉に彩られた山々や黒部湖、真下に見える放水などの眺めを歩きながら楽しめる。
❎黒部ダム駅から連絡通路回りで徒歩5分

↑乗り物利用がメインの立山黒部アルペンルートで唯一の徒歩移動が、このえん堤

↑ダムえん堤東側の一角に碑はある

殉職者慰霊碑
じゅんしょくしゃいれいひ
MAP 付録P.18 C-4

ダム建設の犠牲者を悼む碑

世紀の大工事といわれたダム建設の事故で犠牲となった労働者を慰霊する石碑。殉職者171名の名が刻まれている。
❎黒部ダム駅から徒歩5分

（注目ポイント）

ドラマを生んだ「くろよん」建設
高度経済成長期の電力不足を補うために計画された黒部ダム。難工事の末、昭和38年(1963)に完成（P.129）。工事の劇的な物語は石原裕次郎主演の映画『黒部の太陽』に描かれた。

↑トンネルの工事中、軟弱地層の破砕帯から大量の水と土砂が噴き出し工事は難航した

圧巻の黒部ダムへ

127

散策をもっと楽しむプラスアルファが満載

黒部ダムの快楽観光

黒部ダム観光をより思い出深いものにしてくれるさまざまなアイテムを紹介。
特別な風景や記念に残るモノを探そう。黒部ダムを紹介する
特設会場や見学ツアーもある。

↑運がよければ人気マスコット「くろにょん」
に出会えることも

↑ダム展望台から野外階段を下りたところに
ある。入口に湧水の水飲み場もある

黒部ダム
レストハウス

くろべダムレストハウス

MAP 付録P.18 C-4

ダムを眺めながらひと休み

ダムの目の前にあり、レストランや売
店、休憩所などが集まる観光拠点。黒
部ダムを訪れたら味わいたい、名物の
黒部ダムカレーもぜひここで。
☎080-2105-4886　🕐4/15〜11/30の9:00〜
16:00※季節により変動あり　🈳期間中無休
🚶黒部ダム駅から連絡通路回りで徒歩5分
↪オリジナルグッズなどを多数販売する売店

黒部湖遊覧船ガルベ

くろべこゆうらんせんガルベ

MAP 付録P.18 B-4

日本最高所を進む遊覧船

標高1448mの黒部湖を一周約30分で周
遊。立山連峰や針ノ木岳などの峰々が連
なり、間近に迫る風景は峡谷ならでは。
船上から新緑や残雪、紅葉と、季節ごと
に違った風景を楽しめる。
☎0261-22-0804（くろよん総合予約センター）
🕐運航期間6月1日〜11月10日、40〜60分おき
に運航　🈳黒部ダムの気象状況や水位低下、イ
ベント・貸切運航日などで運休または乗合乗船を
休止する場合あり（要問い合わせ）　💴1200円、
子供600円　🚶黒部ダム駅から徒歩15分

↑ガルベとは黒部の語源とされるアイヌ語が由
来。80人乗り

↑乗り場はえん堤を渡りきった先

↑レストハウス1階に購入窓口がある

ふぉっとダム

MAP 付録P.18 C-3/4

放水を背に記念撮影ができる

ダム周辺に設置された2台のカメラをリモコン
操作して、迫力ある写真が撮れるシステム。
撮影した写真はA4サイズ（2つ折り台紙入り）。
🕐4月下旬〜11月上旬の9:00〜16:00　🈳期間中無休
💴A4サイズ写真1枚1200円、写真購入者携帯への画像
送信無料サービスあり　🚶黒部ダム駅から徒歩7分

↑黒部ダムカレー1300円が名物。ライスでえ
ん堤、ヒレカツで遊覧船、ポテトサラダで放水
を表現。丼ものや麺類も揃う

世紀の大工事「くろよん」建設 激動の背景

黒部峡谷に計画された巨大ダム建設。牙をむく自然との壮絶な格闘の末、戦後復興を担う大事業が実を結んだ。

↑工区は5つに分割され、建設会社5社が請け負った。ダムやトンネルなど、得意分野をそれぞれが担当した

↑工事最大の危機「破砕帯」が立ちはだかる。山間でのダム建設には輸送用トンネルの開通が急務だったが、大量の土砂の噴出により工事中断を余儀なくされ、破砕帯との格闘に7カ月が費やされた

ダム建設事業の発起

戦後の急速な経済復興に伴い関西地方では深刻な電力不足に見舞われていた。昭和30年（1955）、関西電力は北アルプスの急峻な峰々が連なる黒部川上流に水力発電用の巨大ダムの建設を決定する。落差のある川が流れ、多雨地帯の黒部峡谷はダムの適地だった反面、厳しい自然条件のため、それまで実現されなかった。関西電力の社運を賭けた一大プロジェクトが始動した。

着工後に待ち受けた危機

昭和31年（1956）7月、黒部ダム（通称くろよん）建設が着工した。建設資材の輸送手段は、富山側から険しい山谷を人力で越えるか、ヘリでの輸送に限られていた。大型機材を建設地へ運ぶため、長野の大町側から後立山連峰直下を貫く、輸送トンネルを掘ることになった。

大町トンネル（現・関電トンネル）の掘削は着々と進められた。ところが、トンネル入口から1691mの地点で、突然大量の土砂と水が噴き出した。

破砕帯と呼ばれる、岩盤が細かく割れて水を溜め込んだ軟弱地盤に突き当たっていた。毎秒660ℓで噴出する大量の土砂になすすべもなく、工事は一時中断。トンネルの専門家らの知力を結集し、地盤を固める薬液の注入や水抜きトンネルなどの対策がとられた。長さ80mの破砕帯を突破するのに7カ月を要し、着工から約2年後に、全長約5.4kmのトンネルが開通した。

世紀のダムが完成する

大町トンネルの開通後、計画の遅れを取り戻すため、ダムの本体工事が急ピッチで進められた。多量の火薬を大爆発させて両岸の山肌を一気に削り取り、巨大バケットでコンクリートをまとめて運ぶなどの効率化が図られ、工期の遅れは解消された。発電所の建物は、ダムの10km下流に建設された。景観保持や雪害防止のため、世界でも稀な完全地下で造られた。着工から7年後の昭和38年（1963）、世紀の大工事は完了する。総工費は当時の金額で513億円、延べ1000万人が動員され、171名の尊い犠牲を払い、国内最大級の黒部ダムが完成した。

↑コンクリートを運搬するために実際に使われた巨大なバケット。ダム展望台から続く外階段の途中に展示されている

↑大町トンネルに続いて、昭和34年（1959）には、黒部ダムと発電所をつなぐ黒部トンネルが開通。これにより輸送路が確立された

黒部ダムを学ぶ

新展望広場特設会場
しんてんぼうひろばとくせつかいじょう

難工事となった黒部ダム建設の歴史をパネルや映像でわかりやすく紹介している。

MAP 付録P.18 C-3

営5月上旬〜10月下旬9:00〜16:00（天候などにより閉鎖の場合あり）
料無料 交黒部ダム駅から徒歩7分

黒部ダムの快楽観光／「くろよん」建設

眼下に広がる壮大な絶景を大パノラマで

黒部平から大観峰へ
（くろべだいら）（だいかんぼう）

広葉樹の鮮やかな緑や紅葉に覆われる原生林。
エメラルドグリーンの黒部湖と屏風のように連なる峰々。
立山黒部アルペンルートならではの美景に出会える場所。

雄大な立山と後立山を背景に庭園や植物園を散策する

　標高1828mの開けた台地・黒部平。東西に立山連峰と後立山連峰を見晴らすビューポイントがある。駅周辺には黒部湖を望む庭園や約100種の花々が植えられた高山植物園があり、湧水が喉を潤してくれる。背後に後立山連峰が堂々とそびえ立ち、ダム建設で生まれた人造湖・黒部湖がエメラルドグリーンの水をたたえる絶景を堪能できる。乗り換えの合間に周辺をゆっくり散策したい。

黒部平
くろべだいら
MAP 付録P.19 E-2

標高:1828m
主な生き物:ニホンカモシカ、オコジョ
🚌扇沢から関電トンネル電気バス、黒部ケーブルカーを乗り継いで約40分　立山駅から立山ケーブルカー、立山高原バス、立山トンネルトロリーバス、立山ロープウェイを乗り継いで約1時間20分

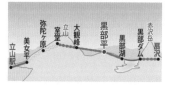

◎アルペンルートには黒部ダム周辺や黒部平など数カ所の湧水ポイントが。天然水が味わえる

黒部平の湧水
くろべだいらのゆうすい
MAP 付録P.19 E-2

冷たい水でひと休み

駅前の庭園内にある黒部平の石碑の脇に、湧水の水飲み場がある。北アルプスが育んだ水でひと休みしよう。

🈺見学自由　🚌黒部平駅から徒歩1分
♨眺望抜群の石碑前は記念撮影スポット

駅での待ち時間に！

黒部平駅売店
くろべだいらえきばいてん

富山のホタルイカの素干しなど、富山県と長野県特産の菓子や地酒などを販売。

MAP 付録P.19 E-2

☎076-463-5196
🏠黒部平駅構内
🕗8:00～17:00(味覚コーナーは～15:45LO)
❌期間中無休

◎立山ブラックソフト600円。味覚コーナーで販売している

◎黒部平駅人気商品のほたるいかの素干し550円

130

ロープウェイでアルペンルート
自慢の絶景を上空から満喫

大観峰
だいかんぼう
MAP 付録P.19 E-2

標高:2316m
🚌扇沢から関電トンネル電気バス、黒部ケーブルカー、立山ロープウェイを乗り継いで約45分
立山駅から立山ケーブルカー、立山高原バス、立山トンネルトロリーバスを乗り継いで約1時間10分

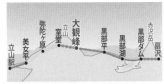

⬆️ロープウェイから望む大自然は壮大そのもの

タンボ平
タンボだいら
MAP 付録P.19 E-2

新緑も紅葉も目の覚める鮮やかさ

大観峰駅の眼下に広葉樹の森が広がる傾斜地。秋には木々が赤や黄色、オレンジに一面を染める、アルペンルートきっての紅葉の名所。

⬆️秋には紅葉の絨毯が敷き詰められる

大観峰雲上テラス
だいかんぼううんじょうテラス
MAP 付録P.19 E-2

絶好のアルプス&レイクビュー

大観峰駅の屋上展望所。タンボ平や黒部湖、後立山連峰を一望できる。テーブルや椅子があるので、ゆっくり時間をとって景色を満喫したい。
🕐休料見学自由 🚌大観峰駅から徒歩1分

⬆️ロープウェイの待ち時間にぜひ足を運びたい

宿泊してこの絶景を見よう
大観峰のご来光

山の稜線から望む朝日は感動的。早朝で乗り物利用ができないためご来光を拝むには山上での宿泊が必要だ。ホテル立山でご来光バスを企画している。
MAP 付録P.19 E-2
●ホテル立山「ご来光バス」
☎076-463-3345(ホテル立山)

⬆️大観峰駅から日の出を拝む

豪快な山岳風景が真近に迫る

室堂平
むろうどだいら

アルペンルートの最も高い場所は開けた高原。立山の峰々に見守られて
見どころを巡れば、かわいいオコジョやライチョウに会えるかも

立山黒部●立山黒部アルペンルート

アルペンルートの中心地
池を眺めながらの散策

標高2450mに広がる高原地帯。剣岳や立山三山といった3000m級の山並みが目の前に広がり、みくりが池などの火口湖が点在。見どころを巡る遊歩道が設けられている。宿泊施設で日本最高所の温泉も楽しめる。

室堂平
むろうどだいら

MAP 付録P.19D-1

標高:2450m
主な生き物:ライチョウ、オコジョ
🚌扇沢から関電トンネル電気バス、黒部ケーブルカー、立山ロープウェイ、立山トンネルトロリーバスを乗り継いで約1時間 立山駅から立山ケーブルカー、立山高原バスを乗り継いで約1時間

➡ 多彩な遊歩道が整備されている。雄大な立山連峰が見どころ

みくりが池 ➡P.23
みくりがいけ

MAP 付録P.19D-1

立山を映す「鏡池」

7月になると池面の雪が解け始め、穏やかな日に立山三山を映し出す。水深は日本アルプスで最も深い。周辺には池を周回する遊歩道が設けられている。

➡ 周囲約600m、最大水深約15m。室堂平を代表する風景だ

🚌室堂ターミナルから徒歩20分

⬆煙が上がる地獄谷。現在は火山ガスの影響で通行が禁止されている

➡ みくりが池を縁取るように花々が咲き誇る

立山山頂簡易郵便局 ★
立山自然保護センター ★
ティーラウンジりんどう C
レストラン立山 R
雪の大谷ウォーク ★
ホテル立山 H
室堂ターミナル 🚌

ロッジ立山連峰 H
H らいちょう温泉雷鳥沢ヒュッテ
野営場管理所
らいちょう温泉雷鳥荘
エンマ台展望台
みくりが池温泉
地獄谷分岐点
みくりが池展望台
★ みくりが池
立山玉殿の湧水
立山室堂山荘 H
玉殿の岩屋
立山室堂

N 0 ——— 200m

↑山の稜線美にうっとりする室堂平。高山の澄んだ空気を胸いっぱいに吸い込みたい

室堂ターミナル
(むろ どう)

日本最高所に位置する駅・室堂ターミナル。屋上には展望テラスにルート最大規模のレストランまで。旅の買い物もここで。

いろいろ集まる観光拠点
休憩や情報収集に便利

立山トンネルトロリーバスと立山高原バスの乗り換え駅で日本最高所。ホテル立山に隣接し、広々としたレストランや売店、屋上展望台、簡易郵便局、立山自然保護センターなど施設が充実している。屋外には全国名水百選に選ばれた立山玉殿の湧水がある。
MAP 付録P.19 D-2
㊟施設により異なる

↑ホテルに隣接する大規模施設。レストランなどでひと休みしたらみくりが池への散策を楽しもう

立山自然保護センター
たてやましぜんほごセンター

立山の自然を知ろう
立山の動植物などの自然を学べる。パネル展示や映像、模型で紹介し、パソコンでの情報収集も可能。ナチュラリストによる無料の自然観察ツアーも人気。
☎076-463-5401
㊟4月中旬〜11月中旬8:30〜17:00(季節により変動あり) ㊡期間中無休 ㊅無料 ㊋室堂ターミナルから徒歩1分(連絡通路あり)

↑室堂平周辺の情報が手に入る。国の特別天然記念物のライチョウについても詳しく紹介

立山山頂簡易郵便局
たてやまさんちょうかんいゆうびんきょく

風景消印付きの絵はがきを出そう
アルペンルートにちなんだ絵はがき、通行証明書を販売する。郵便物を投函すると、立山の風景入り消印を押してくれる。
㊟5月1日〜11月5日9:30〜14:00 ㊡期間中無休 ㊋室堂ターミナルからすぐ

↑立山の山頂やカモシカ、高山植物が描かれた消印

↑窓口営業は14時まで。早めに立ち寄ろう

ティーラウンジ りんどう

落ち着いた雰囲気の店内でコーヒーを
立山の湧水を使った水出しコーヒーなどを飲みながらくつろげる。
☎076-463-3345(ホテル立山) ㊟4月中旬〜11月下旬9:30〜16:00 ㊡期間中無休 ㊋室堂ターミナルからすぐ

↑ホテルフロントのそばにあるラウンジ

↑水出しコーヒー1000円。水・立山玉殿の湧水を使用

レストラン立山
レストランたてやま

ホテルレストランで名物を味わう
室堂ターミナル2階、広々した店内で白エビを使ったご当地の味を提供している。
☎076-463-3345(ホテル立山) ㊟4月中旬〜11月末10:00〜15:00(LO14:30) ㊡期間中無休 ㊋室堂ターミナルからすぐ

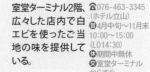

↑人気メニューの白海老から揚げ丼さらさら汁セット2100円

巨大な雪の壁を間近に眺める

雪の大谷ウォーク
(ゆき おおたに)

春になると、高さ20mに迫る雪の壁がそそり立つ「雪の大谷」。4月中旬〜6月下旬に、道路の片側が歩行者用通路として開放される。室堂ターミナルから徒歩約1分。間近でその迫力を感じてみたい。
MAP 付録P.19 D-2
☎076-481-1500(立山黒部総合案内センター) ㊟4月中旬〜6月下旬9:30〜15:00 ㊅無料(申し込み不要) ㊋室堂ターミナルから徒歩1分(立山有料道路500mほどの区間)

↑春に現れる雪の大谷。積雪の多い年には、雪の壁の高さは20mに

無風の晴天日には、雲海が広がることも。
夏は湿原が花畑に

広大な湿原と美しい雲海

弥陀ヶ原
みだがはら

どこまでも続く湿原地帯の向こうに、時折現れる真っ白な雲の大海原。
山岳地の絶景を求めて木道を歩く。

湿生植物の咲く広大な湿原
花咲く夏と紅葉が美しい

　溶岩台地に生まれた広大な湿原。ガキ田と呼ばれる小さな池が点在し、夏にはワタスゲやニッコウキスゲなどの高山植物の花が咲く。一周1時間前後でまわれる木道が整備され、大日岳（だいにちだけ）を眺めながら散策を楽しめる。

弥陀ヶ原
みだがはら

MAP 付録P.18 C-2

標高：1930m
主な生き物：オコジョ、コヒョウモン
❀扇沢から関電トンネル電気バス、黒部ケーブルカー、立山ロープウェイ、立山トンネルトロリーバス、立山高原バスを乗り継いで約1時間15分
立山駅から立山ケーブルカー、立山高原バスを乗り継いで約40分

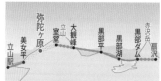

🔁 雲海がよく見られるスポットとしても知られる

弥陀ヶ原で見かける高山植物

ニッコウキスゲ
高山植物の代表格。可憐な花が夏に咲く

ワタスゲ
風に揺れる白い綿毛が湿原と青空に映える

チングルマ
地を這うように広がり梅に似た花が開く

タテヤマリンドウ
日が当たる時間だけ開く、愛らしい花

コバイケソウ
白い花をたくさんつける、ユリ科の植物

キヌガサソウ
大きな葉の中心に、白い花を咲かせる

ガキ田
ガキた

MAP 付録P.18 C-2

湿原にできる大小の池

泥炭層に現れる沼池のこと。名前は山岳信仰に由来。地獄に落ちた餓鬼が、飢えをしのぐために田植えをした場所に見立てたという。
❀弥陀ヶ原バス停から徒歩15分

🔁 餓鬼が作ったといわれる、湿原の池塘（ちとう）

古来の伝説が残る鳥たちの楽園

美女平
びじょだいら

数百年も生き続ける立山杉の巨木の森で、
野鳥の声に耳を傾け生命のパワーを感じる。

寒さや雪に強い立山杉
立山一帯の山岳地帯に
自生する

樹齢数百年にもなる立山杉
神秘的な巨木の森を歩く

　美女平駅の前に、立山杉の巨木が生
い茂り、ブナなどの広葉樹とともに、鬱
蒼とした森を形成している。長年の風雪
に耐えて、さまざまな姿になった杉には名
前がつけられ、それらを巡る遊歩道が続
いている。

美女平
びじょだいら

MAP 付録P.18A-1

標高=977m
主な生き物：ニホンカモシカ、ニホンザル
🚌扇沢から関電トンネル電気バス、黒部ケーブル
カー、立山ロープウェイ、立山トンネルトロリーバス、
立山高原バスを乗り継いで約1時間50分
立山駅から立山ケーブルカーで約7分

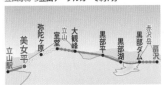

↻標高差500m
を7分で駆け上
がる立山ケーブ
ルカー

美女杉
びじょすぎ

MAP 付録P.18A-1

恋を叶えてくれる杉

美しい姫が恋人
と結ばれること
を願い、見事成
就したとの伝説
が残る。恋愛成
就の杉として親
しまれる。

🚌美女平駅から
徒歩1分

↻恋の願い事をする
人も多い。美女平駅
の名の由来になった

出迎え杉
でむかえすぎ

MAP 付録P.18A-1

観光客を歓迎する杉

美女平駅前で人々を迎えてくれる。
遊歩道の入口にあり、高さ28m、幹
回り4.8m。遊歩道は一周1時間、1
時間50分、2時間30分の3コース。
🚌美女平駅から徒歩1分

鳥の楽園でバードウォッチング

わかっている
だけで約60種
の野鳥が生息。
愛らしい姿と
声で楽しませ
てくれる。

↻キツツキ科のアカ
ゲラも暮らす

水田に北アルプスの山々が鏡のように映る景色にも風情が漂う

風光明媚なアウトドアレジャーの拠点
登山拠点の街、大町
おおまち

北アルプスの山懐に抱かれた、アルピニスト憧れの街。立山黒部アルペンルートの長野県側の玄関口でもある。

四季折々に美しい 3000m級の山々が迎える

日本百名山の4座を有する山岳観光の街。北部には青木湖、中綱湖、木崎湖という3つの湖が横たわり、湖畔や湖上でのアウトドアレジャーも盛ん。また、かつては宿場町として栄えた街でもあり、今も市街地には町家や蔵が残っている。

ACCESS

鉄道 JR松本駅から信濃大町駅まで1時間
車 安曇野ICから県道306号(北アルプスパノラマロード)を経由して約26km

注目ポイント

大糸線から見る北アルプスの絶景
松本と新潟県の糸魚川を結ぶJR大糸線。北アルプスと並行するように走り、松本から北へ向かうと次々と車窓に峻峰が姿を現す圧巻のパノラマだ。景色を存分に楽しむなら展望席のある「リゾートビューふるさと号」がおすすめ。

市立大町山岳博物館
しりつおおまちさんがくはくぶつかん
MAP 付録P.19 F-4

山岳を広い視野から紹介

山をテーマにした日本初の博物館。北アルプスの成り立ちや登山の歴史、山に生きる動植物などをわかりやすく紹介する。カモシカやライチョウを飼育する付属園も併設。3階展望ラウンジからの絶景も必見。

☎0261-22-0211 　大町市大町8056-1
　9:00〜17:00 12〜3月10:00〜16:00
最終入館は各30分前まで　休月曜、祝日の翌日(月曜が祝日の場合は開館、7・8月は無休)　料450円　JR信濃大町駅から車で5分　Pあり

←信濃大町ならではの資料が揃う

←国の天然記念物ニホンカモシカ、ライチョウに会える

↑2階「山と生きもの」のコーナーでは山に生息するニホンカモシカやライチョウの生活史を紹介する

↑遠い昔から山とともに生活を営んできた人々の暮らしを伝える

↑展望ラウンジからは北アルプスの大パノラマが望める(写真提供:長野県観光機構)

霊松寺

れいしょうじ

MAP 付録P.19 F-3

絶好の紅葉スポット

応永11年(1404)に創建された曹洞
宗の古刹。精緻な彫刻が施された
山門とその脇にそびえる大木、市
天然記念物のオハツキイチョウが特
に見もの。秋には境内周辺の紅葉
が素晴らしい。

☎0261-22-0377 ㊟大町市大町6665
㊟境内参拝自由。内部の拝観は5月3日〜中旬、
10月中旬〜11月初旬9:30〜15:30
※電話にて要予約(8月1〜16日は受付不可)
㊡11月下旬〜3月中旬 ※天候により変動あり
㊅無料(内部拝観は協力金100円)
㊋JR信濃大町駅から車で10分 ㋿あり

↑風情ある山門と色づいたオハツキイチョウが
美しい。紅葉の見頃は例年10月下旬〜11月上旬

↑総ケヤキ造りの鐘楼
と北アルプスを望む

↑県宝の山門。諏訪大
社の宮大工による彫刻
が見事

塩の道ちょうじゃ・
流鏑馬会館

しおのみちちょうじや・やぶさめかいかん

MAP 付録P.19 F-4

大町の歴史と伝統行事にふれる

塩問屋だった旧平林家の邸宅を利
用。母屋入口の梁組みが見どころ。
蔵群には貴重な塩蔵が残り、平成
29年(2017)国登録有形文化財に指
定された。大町の夏祭りを紹介する
流鏑馬会館も併設している。

☎0261-22-4018 ㊟大町市八日町2572
㊟9:00〜16:30(11月、3・4月は〜16:00、12〜
2月は〜15:30) ㊡水曜 ㊅500円
㊋JR信濃大町駅から徒歩6分 ㋿あり

↑大町の夏の伝統行事・大町流鏑馬の衣装を展示

↑明治23年
(1890)に建て
られた

大自然のなかを巡るアートの旅

平成29年(2017)に始まり、大町市を舞台に3年に一度行われる国際芸術祭。
「水、木、土、空」をコンセプトに、大町市の自然と結びついたアート作品が
点在する。2024年は9月13日〜11月4日に開催予定。

北アルプス
国際芸術祭2024

きたアルプス
こくさいげいじゅつさい2024

MAP 付録P.19 D-4

☎0261-85-0133(北アルプ
ス国際芸術祭実行委員会事務
局) ㊟大町市内 ㊟10:00〜
17:00(2023年11月現在の予
定) ㊡2023年11月現在未定
㊋㋿会場により異なる

↑『信濃大町実景舎』。鷹狩山山頂の古民家に作られた、クリ
エイター・目による作品

グルメスポット

わちがい

江戸末期の古民家を使った趣ある食
事処。喉ごし、コシの強さ、豊かな
香りが特徴の長野県産地粉を使った
生細麺「わちがいざざ」が名物。

MAP 付録P.19 F-4

☎0261-23-7363 ㊟大町市大町4084
㊟10:00〜16:00(LO15:30)
㊡火曜、第4月曜(冬期は変更の場合あり)
㊋JR信濃大町駅から徒歩10分 ㋿あり(4台)

↑約150年前に建て
られた町家。庭を眺
めながら心地よい
時間が過ごせる

↑周囲には町家造
りの屋敷や蔵が並
び散策が楽しい

↑季節の小鉢などが付く
わちがいざざ膳1530円

Cafe & Bar 麻倉

カフェ & バー あさくら

築160年余の土蔵造りの麻倉を再生
した隠れ家的雰囲気を漂わせる店。
フードメニューは、ハンバーグやカ
レーなど。ギャラリーを併設。

MAP 付録P.19 F-4

☎080-8901-6727
㊟大町市大町4095-13 ㊟11:30〜14:00
㊡水曜 ㊋JR信濃大町駅から徒歩10分
㋿あり

↑夜は地場産の農
作物をふんだんに
使った日替わりメ
ニューが登場

↑そここに麻倉
として使われある
歴史を感じる

↑ランチ950円には
おなじみの洋食メ
ニューが揃う

北アルプスへ誘う温泉の街
大町温泉郷
おおまちおんせんきょう

アルペンラインの開通とともに発展した
新しい温泉郷。自然との調和も心地よく、
鹿島川の河岸に並ぶホテルや旅館、
観光スポットをのんびり散策できる。

黒部ダム観光の拠点
清流鹿島川沿いの散策も楽しい

　大町市街地と黒部ダムを結ぶアルペンライン沿
いにあり、市街地からは路線バスでもアクセスでき
る。館内設備が充実したホテルや旅館が多い。付
近にはミュージアム、資料館、遺跡なども点在。

↑大町温泉郷には絶景を楽しめる散策路が整備されている

ACCESS
バス JR信濃大町駅からアルピコ交通バス扇沢線で大町温泉郷ま
で15分
車 JR信濃大町駅から国道147号、県道45号を経由して7km

緑翠亭景水
りょくすいていけいすい
MAP 付録P.19 D-3

多彩なお風呂を堪能

庭園大浴場や露天風呂、
貸切風呂、足湯など、館
内で湯めぐりが楽しめる湯
宿。過ごし方に合わせて選
べる4タイプの客室がある。

☎0261-22-5501
所大町市平2884-13
交大町温泉郷バス停から
徒歩10分 Pあり
in15:00 out10:00
室68室
予約1泊2食付1万8700円～

↑信楽焼の露天風呂付き
和洋室。テラスからは眼下
に鹿島川の清流を望む

↑信州安曇野の自然の恵みを盛り
込んだ会席料理。四季折々の料理
が楽しめる

自然と一体化し季
節の移ろいが感じ
られる露天風呂
「さんすい」。24時
まで利用できる。

信濃の里 ときしらずの宿 織花
しなののさと ときしらずのやど おりばな
MAP 付録P.19 D-3

森に囲まれた露天風呂でくつろぐ

四季の移ろいを感じられる豊かな自然に
囲まれた温泉宿。ゆったりとした内湯や
岩造りの露天風呂で湯を満喫したあと
は、旬の食材を生かした安曇野会席料
理を味わえる。

☎0261-23-2000
所大町市平2065-1
交大町温泉郷バス停か
ら徒歩6分 Pあり
in15:00 out10:00
室20室 予約1泊2食付1
万3200円～

↑女性風呂専用のリン
ゴ風呂は源泉かけ流し
の温泉

↑和室12.5畳は広々とした空間。
ベッドのある和洋室も完備

↑地元の食材を使った信州の味覚
が満喫できる会席料理

内湯の大きなガラ
ス窓からは四季
折々の景色が楽し
める。檜の湯船も
心地よい。

立山黒部●周辺の街とスポット

上高地・安曇野
黒部・松本への
アクセス

❖

季節や時間帯によって
観光客の出入りを見極めながら
日本屈指の山岳景勝地へ向かう。

事前の計画で
旅をもっと
楽しくする

目的地ごとに移動のツールはさまざま。効率的な移動でより楽しい旅に

上高地・安曇野・黒部・松本へのアクセス

各エリアへのアクセス拠点を松本にして目的に合った交通機関を利用しよう。上高地・黒部まではバス、安曇野までは鉄道などがいちばん便利だが、現地の主要な交通手段に合わせて車なども賢く使いたい。

アクセスと交通

鉄道で

移動拠点を松本に。そこから各地へ向かう

● 鉄道でJR松本駅を目指す

　各エリアへのアクセスは松本駅からが便利。陸路なら新幹線・特急電車や高速バスを使おう。西日本からの新幹線なら名古屋駅で特急に乗り継ぐのが一般的だが、東日本からは特急で乗り換えなしのアクセスも可能。

　また、新宿駅発のJR特急あずさ・南小谷行きに乗れば、安曇野の玄関口・穂高駅や信濃大町駅まで直通で到着する。ほかにも黒部方面へは松本を経由せずとも長野駅から直接バスでのアクセスも可能。

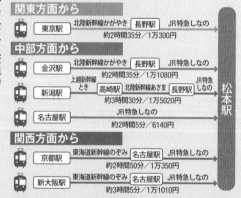

関東方面から

| 東京駅 | 北陸新幹線かがやき → 長野駅 → JR特急しなの |
| 約2時間35分／1万300円 |

中部方面から

| 金沢駅 | 北陸新幹線かがやき → 長野駅 → JR特急しなの |
| 約2時間35分／1万1080円 |

| 新潟駅 | 上越新幹線とき → 高崎駅 → 北陸新幹線あさま → 長野駅 → JR特急しなの |
| 約3時間30分／1万5020円 |

| 名古屋駅 | JR特急しなの |
| 約2時間5分／6140円 |

関西方面から

| 京都駅 | 東海道新幹線のぞみ → 名古屋駅 → JR特急しなの |
| 約2時間50分／1万350円 |

| 新大阪駅 | 東海道新幹線のぞみ → 名古屋駅 → JR特急しなの |
| 約3時間5分／1万1010円 |

松本駅

● 飛行機で JR 松本駅を目指す場合

北海道・九州地方からは飛行機で

松本への空路は札幌便(新千歳・丘珠)と神戸便・福岡便(FDA・JAL)・大阪(伊丹)便(8月のみJAL)の5路線が信州まつもと空港間で就航している。ある程度距離の離れた地域からアクセスするなら、各地から飛行機で主要な空港を目指し、新幹線などに乗り継ぐ方法もあるので、予算と時間を考えて計画しよう。

空港から松本駅へは連絡バスも出ている

信州まつもと空港から松本駅へは、駅前のターミナルまで直行の連絡バス「エアポートシャトル」がある。1日6往復運行。松本発8:10／9:10／11:50(8月のみ)／12:45／14:25／16:00／16:55、空港発9:05／10:05／12:45(8月のみ)／13:40／15:10／16:50／18:00。所要約30分(片道650円)。それ以外の路線バスは空港今井線を利用。
アルピコ交通 松本バスターミナル ☎0263-32-0910

● 松本駅から各エリアへ

　松本駅や長野駅を基点にして各地へ。路線により便数が限られているので、事前に時間などをしっかり調べること。目的地によりバスなどをうまく使って移動しよう。

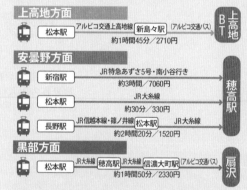

上高地方面

| 松本駅 | アルピコ交通上高地線 → 新島々駅 → (アルピコ交通バス) → 上高地BT |
| 約1時間45分／2710円 |

安曇野方面

| 新宿駅 | JR特急あずさ5号・南小谷行き → 穂高駅 |
| 約3時間／7060円 |

| 松本駅 | JR大糸線 → 穂高駅 |
| 約30分／330円 |

| 長野駅 | JR信越本線・篠ノ井線 → 松本駅 → JR大糸線 → 穂高駅 |
| 約2時間20分／1520円 |

黒部方面

| 松本駅 | JR大糸線 → 穂高駅 → JR大糸線 → 信濃大町駅 → (アルピコ交通バス) → 扇沢 |
| 約1時間50分／2330円 |

鉄道利用で長野駅まで到着したらアルピコ交通バスの大町・扇沢方面行き特急バスも便利。長野〜扇沢は片道3100円、所要約1時間45分で1日5便の運行。

扇沢へのアクセスは信濃大町駅からバス・車・タクシーの利用になる。マイカーやレンタカー利用でない場合は信濃大町から路線バスやタクシーで扇沢を目指す。

問い合わせ先

JR東日本お問い合わせセンター☎050-2016-1600
JR東海テレフォンセンター☎050-3772-3910
アルピコ交通(電車・上高地線)☎0263-87-3166
アルピコ交通(上高地地区発着バス新島々営業所)
☎0263-92-2511
アルピコ交通(白馬営業所)☎0261-72-3155
FDA(フジドリームエアラインズ)☎0570-55-0489
JAL(日本航空)☎0570-025-071
京王高速バス予約センター☎03-5376-2222
濃飛高速バス予約センター☎0577-32-1688
名鉄高速バス予約センター☎052-582-0489
JR東海バス名古屋旅行センター☎0570-048939
近鉄高速バスセンター☎0570-001631
阪急高速バス予約センター☎0570-089006
日本道路交通情報センター全国共通ダイヤル
☎050-3369-6666

※特急料金が含まれる場合、指定席(通常期)の料金で計算しています　※バスの便や、乗り換え時間などで所要時間は大きく変わることがあるのでご注意ください
※情報は2023年10月現在のものです。料金や便数は季節により変動する場合があります。おでかけ前にHPなどでご確認ください

高速バスで

主要都市から乗り換えなしで目的地へ

　各地から手軽に直接目的地に行ける高速バスは、乗り換えの手間が省ける便利さや、節約派にもうれしい手軽さでおすすめの交通手段。京王バス・アルピコ交通「さわやか信州号」や名鉄高速バスなど、運行日・便数が決まっているものもあるので、よく調べて計画を。「さわやか信州号」は、弁当や宿泊施設とセットになったプランなど、旅が楽しくなるオプションサービスの付くツアーも用意されている。

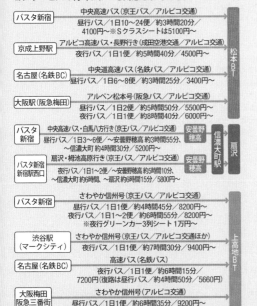

バスタ新宿	中央高速バス（京王バス／アルピコ交通）昼行バス／1日10〜24便／約3時間20分／4100円〜※Sクラスシートは5100円	松本BT
京成上野駅	アルピコ高速バス・長野行き（成田空港交通／アルピコ交通）夜行バス／1日1便／約5時間40分／4500円〜	
名古屋（名鉄BC）	中央道高速バス（名鉄バス／アルピコ交通）昼行バス／1日6〜8便／約3時間25分／3400円〜	
大阪駅（阪急梅田）	アルペン松本号（阪急バス／アルピコ交通）昼行バス／1日2便／約5時間50分／5500円〜夜行バス／1日1便／約8時間40分／6000円〜	
バスタ新宿	中央高速バス・白馬八方行き（京王バス／アルピコ交通）昼行バス／1日3〜6便〜安曇野穂高約3時間55分〜・信濃大町4時間20分／5200円〜	安曇野穂高／信濃大町駅／扇沢
バスタ新宿新宿西口	扇沢・栂池高原行き（京王バス／アルピコ交通）夜行バス／1日1〜2便〜安曇野穂高約5時間10分〜・信濃大町6時間、扇沢6時間15分／5800円〜	安曇野穂高
バスタ新宿	さわやか信州号（京王バス／アルピコ交通）昼行バス／1日1便／約4時間45分／8200円〜夜行バス／1日1〜2便／約6時間55分／8200円〜※夜行グリーンカー3列シート1万円〜	上高地BT
渋谷駅（マークシティ）	さわやか信州号（京王バス／アルピコ交通ほか）夜行バス／1日1便／約7時間30分／9400円〜	
名古屋（名鉄BC）	高速バス（名鉄バス／アルピコ交通）夜行バス／1日1便／約6時間15分7200円（復路は昼行バス／約4時間50分／5660円）	
大阪梅田阪急三番街	さわやか信州号（アルピコ交通）昼行バス／1日1便／約6時間35分／9200円〜夜行バス／1日1便／約8時間、3列シート9400円〜	

　長野駅東口から上高地バスターミナルへ「さわやか信州号」（アルピコ交通）も運行。昼行バスが1日1便、所要約2時間40分で4400円〜。長野駅が起点の場合はこちらも便利。

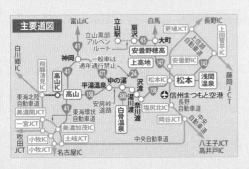

主要道図

車で

車で各エリアの玄関口を目指す

　車なら電車の発車時刻を気にしなくてよいので気軽。上高地や立山黒部アルペンルートなど、車で行けないところはターミナルに大きな駐車場があるが、満車になる時期もあるので気をつけたい。

東京から

中央自動車道を名古屋方面に進み、安曇野ICか松本ICで下りる。沢渡・扇沢からはバスに乗り換える。

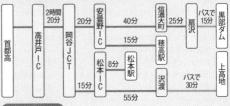

名古屋から

安曇野・松本へは中央自動車道を東京方面、上高地へは東海北陸自動車道・国道経由で平湯温泉に行きバスに乗り換え。

大阪から

安曇野・松本へは名神高速道を東京方面、上高地へは名神高速経由、東海北陸自動車道で高山方面へ進み国道を利用。

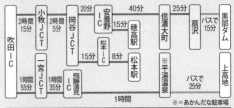

車で行くときの注意点

①自然保護のためマイカー規制が行われている

国道158号と分岐する中の湯〜上高地はマイカー規制域。さわんど駐車場、あかんだな駐車場からシャトルバスに乗ろう。

②アルペンルートのマイカー回送サービス　→P.123

アルペンルートを折り返さず通り抜ける場合は回送サービスを利用して反対側で車を受け取る。5社あり、利用料の目安は普通車で3万円前後、各社割引もあるので事前に確認を。

→P.123

INDEX

STAFF

編集制作 Editors
(株)K&Bパブリッシャーズ

取材・執筆・撮影 Writers & Photographers
(株)まちなみカントリープレス
植田夏代　谷口哲
瀧渡尚樹　村山博則　安田真樹
I&M(松川絵里　室田美々　岩下宗利　中村人士)

執筆協力 Writers
遠藤優子　上山奈津子
伊藤麻衣子　伊勢本ポストゆかり　古賀由美子

編集協力 Editors
(株)ジェオ

本文・表紙デザイン Cover & Editorial Design
(株)K&Bパブリッシャーズ

表紙写真 Cover Photo
PIXTA

地図制作 Maps
トラベラ・ドットネット(株)
DIG.Factory
フロマージュ

写真協力 Photographs
関係各市町村観光課・観光協会
関係諸施設
PIXTA

総合プロデューサー Total Producer
河村季里

TAC出版担当 Producer
君塚太

TAC出版海外版権担当 Copyright Export
野崎博和

エグゼクティヴ・プロデューサー
Executive Producer
猪野樹

おとな旅 プレミアム
上高地・安曇野 黒部・松本 第4版

2024年1月6日　初版　第1刷発行

著　　者	TAC出版編集部	
発 行 者	多田敏男	
発 行 所	TAC株式会社　出版事業部	
	（TAC出版)	

〒101-8383 東京都千代田区神田三崎町3-2-18
電話 03(5276)9492(営業)
FAX 03(5276)9674
https://shuppan.tac-school.co.jp

印　　刷	株式会社　光邦	
製　　本	東京美術紙工協業組合	

©TAC 2024　Printed in Japan　　ISBN978-4-300-10974-8
N.D.C.291　　　　　　　　落丁・乱丁本はお取り替えいたします。

本書に掲載した地図の作成に当たっては、国土地理院発行の数値地図(国土基本情報)電子国土基本図(地図情報)、数値地図 (国土基本情報)電子国土基本図(地名情報)及び数値地図(国土基本情報20万)を調整しました。